続　昭和の怪物　七つの謎

保阪正康

講談社現代新書

2518

目次

第一章

三島由紀夫は「自裁死」で何を訴えたのか

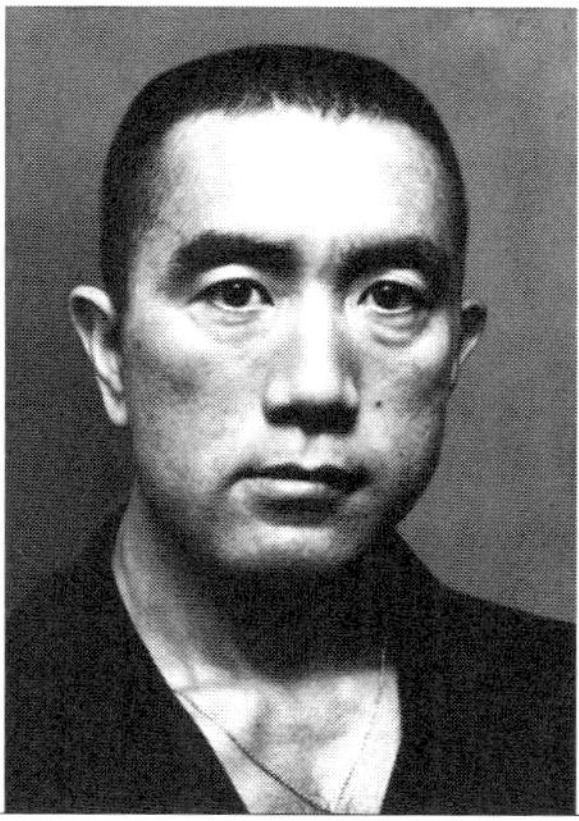

檄文の中の「死なう、共に死なう」

私が三島由紀夫を初めて目にしたのは、昭和四十二（一九六七）年ではなかったかと思う。季節は夏から秋にかけてのことだった。

三島は白い背広を着ていて、それを脱いでソファに置いた。少々黒めのシャツを着ていたように記憶しているが、その辺は曖昧でもある。しかし小柄な割に腕に筋肉がついていたのが印象的であった。東京・有楽町にあった私の勤務先（朝日ソノラマ）の編集部に担当者を訪ねてきたのだが、私はその企画に関わっていなかったので、編集部員として挨拶しただけだった。

「音の出る雑誌」として、音声を録音した「ソノシート」を付録につけた刊行物を出していたこの社では、作家に自作を朗読してもらう企画が進んでいた。三島にも自作を朗読してもらうことになっていて、担当者はその作品をどれにするかを打ち合わせていたのである。

担当者は自宅に行ったり、ジムで会ったり、とにかく三島によく会っていたが、ある時その同僚が、「あの人は人間の感情よりも、頭で考える思考で物事を決めるタイプだ」と言ったのが私の印象に残った。

意外に声は大きかったが、笑い声は人工的に聞こえた。たった一度の印象で決め付けるわけではないが、物事の表裏を正確に見据える人という印象が強かった。

その三島が、自ら作った「楯の会」のメンバーと自衛隊東部方面総監部に乗り込んで、クーデターを訴えたのは、昭和四十五（一九七〇）年十一月二十五日であった。私が編集部で見かけてから、三年ほどのちのことである。

この時には、私はフリーの立場になっていたのだが、朝日ソノラマに向かい、事件の詳しい経緯を確かめた。かつての同僚が檄文《げきぶん》を入手し、総監部の屋上から演説する三島の音声も拾っていた。冷静な声であった。社で三島と会ったと言っても、「編集者と作家」という関係だから、事件の内的動機などまったくわからない。私は檄文のビラを何度も読んだ。しかし三島の本意は見えてこなかった。

だが、そのうちあることに気づいた。檄文の中に「死なう、共に死なう」という表現が用いられているのである。

そういえば昭和の初めに「死なう！　死なう！」と言って切腹によって自決未遂を起こした新興の宗教団体があったなと、私は思い至った。そして、それについて調べてみようと思い立った。

三島が楯の会会員に宛てた遺書

一年半ほど調査、取材を進めて本を書いた。それが私の処女作でもある『死なう団事件』(れんが書房、後に角川文庫)であった。その意味で三島の存在と行動は、私には印象深く残っている。三島が「死なう、共に死なう」と言ったのは、むろん死なう団事件とは何の関係もなかったのだが、私はこのような言葉が前面に出てくる時代は、あまりいい時代とは言えないと考えてきた。

この書の後に、私は五・一五事件に連座した農本主義者の橘孝三郎に関心を持ち、水戸の自宅に一年半ほど通って取材を続けた。私は俗にいう右翼に関心はなく、人脈もなく、直接、橘に手紙を出して会ってほしいと訴えての取材であった。時折青年グループが農本主義の勉強に来ているようだったが、橘は私を彼らには会わせず、常に私一人が話を聞くことができた。今もこの農本主義者の博識に、私は畏敬の念を持っている(詳しくは第三章で述べる)。

橘が亡くなったのは、昭和四十九年だった。私も葬儀に出た。享年八十一だったように思う。その死から一年ほど後になるが、阿部勉と名乗る未知の人物から電話があった。

「橘先生が昭和の初めに出していた農本主義の研究誌『土とま心』を復刊したいので、原稿を書いてほしい」

と言うのであった。私は承諾し、そして阿部に会うことにした。

阿部は眼光の鋭い、そしていわば美男子と評されるタイプの青年であった。彼は橘の家に通っていた私について、さほど詳しくは知らない。ただ、先生の家は道路から奥まったところにあり、その道筋で私と何度かすれ違ったことがある、と言うのであった。

聞くともなしに、彼が楯の会の会員であったことがわかり、早稲田大学の学生時代に加わっていたことを知った。三島事件について話し合ったわけではないが、「『土とま心』で三島先生の書簡をいずれ取り上げる」というのを聞いて、私は興味を持った。

楯の会には八班があり、第二班の班長である倉持清に宛てた書簡で、三島は残った会員たちにメッセージを託していると言い、それを『土とま心』で発表したいとも言うのであった。私はその後、そのメッセージを見せられた。確かにそこには三島の心情が見出せた。

私の印象に残った文節を以下に記しておきたい。

「小生の小さな蹶起《けつき》は、それこそ考へに考へた末であり、あらゆる条件を参酌して、唯一の活路を見出したものでした。活路は同時に明確な死を予定してゐました」

「どうか小生の気持を汲んで、今後、就職し、結婚し、汪洋《おうよう》たる人生の波を抜手を切って進みながら、貴兄が真の理想を忘れずに成長されることを念願します」

三島のこの書簡は倉持への詫びであり、期待でもあった。『土とま心』にこれが発表されたのは、阿部の説得によると私は聞いていた。この書簡は三島から九十人近くの楯の会の会員たちへ宛てた、人生への激励と言うこともできた。この書簡が『土とま心』の第七号に掲載されたのは昭和五十五年八月のことであった。

三島事件に取り残された気持ち

私はその間、この研究誌に、橘孝三郎の思い出を書いた。四回ほどであったろうか。この雑誌は確か年に二回は出ていたのではないだろうか。橘の思い出を綴ることが終わると、あとは私には特別書くことはなくなった。

原稿を渡すたびに雑談を交わしていた阿部は、その頃には週刊誌などで極めて強硬な意見を吐くようになっていた。まるで暴力を是認するような意見、時には自らが暴力を行使することを宣言するかのような意見を口にすることもあった。

元楯の会の会員ということもあって、特に危険人物視される役を買って出ているかのようであった。私は阿部のそのような意見に取り立てて関心はなかったので、そういう方向の会話はしていない。いつも身辺雑記的な雑談であった。

彼は私のことを「先輩」と呼んだ。郷里も違う、大学も違う、思想も違う。強いて言えば、私が七歳ほど年上になることからだろうか。

ある時、渋谷の喫茶店で会って原稿を渡した時、彼は「先輩、すみません。迷惑をかけるつもりはないんですが、今日はマッポがついてきているんです」と言って喫茶店の入り口を目で示した。

「マッポって、何のこと?」

「刑事ですよ」

なるほど、二人の男が喫茶店の入り口のあたりでタバコを吸って雑談している。

「時々ああやってあとをつけてくるわけです」

阿部はそう言って、さして気にしているようでもなかった。

そのうち私は、『土とま心』に磯部浅一論を書くようになった。そして阿部には、「君は小説を書けばいい。そうすれば自分の主張もできるし、事象を客観的に見られるようになるんじゃないか」

と何度も勧めた。私は彼にはそのような才能があると思った。そのたびに阿部は、

「もう机に向かったりできませんよ」

と苦笑いを浮かべた。

これは私の正直な感想になるのだが、阿部は、三島事件に取り残されたという気持ちを持っていたのではなかったろうか。あの事件について、私にはあまり語らなかった。しかし楯の会の訓練について、思い出として語ることがあり、その口ぶりには喪失感が滲《にじ》んで

いることが私には感じられた。

その喪失感は、私も理解できる。むろん私は三島の思想を称揚してそう語っているわけではない。青年期には、自らの畏敬する人物がこの世を去る時を現実に経験すると、とりとめのない混乱に出合う。この混乱をどう超えていくかが、その人の人生観によって決まるのである。

三島と楯の会の三年間

私の見るところ、阿部は事件の評価や内容についての賛否よりも、三島由紀夫という作家の行動に随伴できなかったという悔恨のような感情に苦しめられていたように見受けられた。その思いが政治的にはラディカルな発言に結びついているかのようであった。

阿部は、私に倉持を紹介してくれた。先に触れたように、倉持宛のその遺書を『士と心』に掲載するのを機に、私にもそれを見せてくれたのだ。

三島は倉持の仲人を引き受けた時の気持ちに戻って、

「(貴兄の) 許婚者《いいなずけ》を裏切つて貴兄だけを行動させることは、すでに不可能になりました」

と書いている。そのために貴兄を行動の中には入れなかったといっているように感じた。

ここにも三島の心情があるように、私には読めた。

私は、三島の遺書について考えながら「十年後の楯の会事件」を書きたいと阿部に伝えた。三島事件を思想的に、あるいは政治的に判断しようとは思わない。もっと歴史の文脈で捉えられないか、さらに楯の会の会員たちが今は何を考えているのかを知りたいというふたつの狙いでこのテーマを書きたいと私は訴えた。

結論からいうと、阿部は私の申し出を受け入れてくれた。そして楯の会の会員たちが十年後の今、何を考えているかという取材に応じてくれるように取りはからってくれた。かつての仲間の何人かの連絡先を教えてくれたのである。

この書で私が試みたのは、事件の意味、解釈、あるいは評価などには一切触れず、事件の三年ほど前からの三島と楯の会の動きを客観的に記述するとの一点でまとめるということであった。この事件は、これから何年にもわたり、語られていくだろう。その時に、この事件はどのようにして、いかなる考えで起こされたのかを、まずは知らなければならない。事実を知らずしてどのような評価もできるわけがない、というのが私の考えであった。私がこう考えたのには理由がある。

阿部勉の死

昭和史を検証していて、たとえば二・二六事件の史実を正確になぞった書は日本には極端に少なかった。そのために事実に則らずに議論を進める論者が珍しくなかった。私は三島事件がそのような形だけで語り継がれることを恐れた。勤めていた朝日ソノラマで初めて三島を見た頃から、事件の日までを忠実に再現したいとの気持ちがあった。

この過程で私は、楯の会の理論面を担っていた人物や、三島らが依拠していた『論争ジャーナル』の編集部員や、そのほか幾人かの人たちに会って、改めて阿部の言葉が実感できた。秋田県出身の彼の訛りの強い言葉を、今も私はよく覚えている。阿部はこう言ったのである。

「三島先生には多くのことを教えられました。橘先生にもです。それは人間としての生き方だけではなく、思想的、社会的にどう生きるかを含めてです。私はその教えに忠実であろうと思っていますが、それは私だけでなく、会員に共通の受け止め方だと思います」

そう話す時の阿部は純粋で、その心理には一点の曇りもないことが窺《うかが》えた。そこには、私が『土とま心』に書いていた、二・二六事件の磯部浅一の精神に共通する心理を読み取ることができた。

たぶんそれは三島の『憂国』の主人公にも通じているのだろうと、私は思ったのである。

昭和五十年代の終わりから、昭和六十年代、そして平成に入ってからも、阿部からは時々電話があり、会うことがあった。古本屋とか種々の仕事をしつつ、国家改造運動は進めていると話していた。これまでの右翼運動は企業からお金をもらうなどしていたが、自分らはそういう運動ではなく、生活を正して自前で進めるのだと主張していた。それを実践していると言うのであった。

「体調はどうなの」と案ずる私に、あまり良くないと辛《つら》そうに話すこともあった。

「先輩」と相変わらず言い、そして、三島先生の小説を読むことも増えましたと言う。

「それもいいけれど、あなたも小説を書けばいい、きっといい小説が書けると思う」とまた勧めると、すぐに苦笑いを浮かべ、机に向かうことができない生活ですと答えるのであった。

平成十一年の七月であったか、阿部は、高田馬場で書籍や文書などを扱う書店を開いているという。近日一献傾けたいと誘いがあった。私も了解して、酒を飲みつつ談論風発しようということになった。その席には阿部の息子と門弟が一人同席していた。酒が進むにつれて雰囲気がおかしくなった。

「先輩、今生《こんじょう》の別れです。ありがとうございました」

彼は盃を傾けるたびに、そうくり返すのだった。

私にもその意味がわかってきた。肝臓がんの症状が思わしくなく、余命を宣告されているようであった。

「そうか。今生の別れか」

私は涙が出てきた。私があと四、五ヵ月で還暦に達するのを知り、では乾杯という具合に盃を干した。終電に間に合わせるために別れを告げ、タクシーに乗り込む時、軽く手を振った。和服姿の阿部は、まるで昭和初期の物書きのように見えた。

三島の同時代に生きなかったら、彼はどういう人生を歩んだのだろうと私は想像した。それから一ヵ月ほど後に、阿部は逝ったと聞かされた。

三島精神を受け継いだ一水会

私は阿部の死の報に接した時に、思想や生き方は異なっているとはいえ、橘孝三郎の死に接した時の悲しさが重なった。彼らはいずれも、他の誰よりも秀でた能力を持ち、知的欲求も高い。人間的な感性も優れている。そうした能力や知力や魅力によって、人を惹《ひ》きつける文化を残す条件を兼ね備えていたように思う。それが失われたことに残念な思いがしたのである。

新右翼と称される組織の一水会、その元代表である鈴木邦男が書いているのを読んだのだが、実は三島事件の二年後の昭和四十七年に、楯の会の会員たちが一水会を結成したというのだ。それは三島精神を継承しようという思いだったそうだ。月に一度、第一水曜日に集まるので一水会と名づけたそうだ。「レコンキスタ」という機関紙を刊行することになったともいう。

この結成宣言は阿部が書いたと鈴木は言い、そこには次のような一節があった。

「吾人等は尊攘の精神の下に果敢な闘いを続けた先覚的維新者、特に来島恒喜《くるしまつねき》、山口二矢《おとや》、平岡公威《きみたけ》（三島由紀夫）、森田必勝の維新的経験を非統一的に継承発展させんとする同志的結合体である」

彼らの目指した維新という変革を尊ぶことが、一水会の方針だと言うのである。

前述したように、私は阿部に誘われて会食することが何度かあったが、しかしこうした話は聞いたことがなかった。私は思想的には阿部の側ではなかったのだから、当然といえば当然だったのである。

「マッポがついてきているので」と言っていたが、このような暴力を内包する宣言を発表したのであれば、なるほどと私にも頷《うなず》けた。こういう宣言の背景については私の理解を超えた次元での歴史意識があったのかもしれない。あるいは三島精神というものがあるとすれば、それを彼らの心情において守ろうということかもしれなかった。

阿部や倉持らのほか何人かの楯の会の会員が取材に応じてくれたので、事件から十年を経て三島事件をどのように受け止めるかという視点、特に事件に行き着くまでの三島と会員たちの動きをノンフィクション風に追いかけた書を刊行することができた（『憂国の論理—三島由紀夫と楯の会事件』講談社、後にちくま文庫）。

三島由紀夫について、私はその思想は今もまだわからないことが多い。だが、単に大日本帝国の戦争に至る過程での皇国史観をそのままなぞろうとしたわけではあるまい。

戦後日本を騒がせた光クラブ事件

三島を理解するには二つの言葉を軸に、その一生を解きほぐす以外にない。その二つとは、「などてすめろぎは人間《ひと》となりたまいし」、もう一つは、「戦後を鼻をつまんで生きてきた」である。

前者は人間天皇に対する不信、後者は戦後民主主義体制に対する嫌悪感と評することができるであろう。この二つの言葉について吟味することが、三島の政治的立場を歴史化する要諦《ようてい》になるであろう。

私は初対面の印象もあるのだが、三島をどうしても政治的実行者のタイプには見ることができない。文学者としての政治運動を行ったとも思えない。政治評論家、文芸評論家の分析に対する違和感もあり、もっと異なった視点での分析をすべきだと考えつつ、これまではできないでいた。ここで私なりの新たな分析を試みてみたい。

私は特に三島とは関係なく、戦後日本を騒がせた光クラブ事件を起こした山崎晃嗣《あきつぐ》という人物に関心を持った。それは、かつて学生時代にこの光クラブでアルバイトをした人物と知り合ったからで、いつかこの人物を等身大に書いてみようと思っていた。むろんそこには私の持論である「年譜の一行を一冊の書に」という思いもあった。そう考えた頃、年齢的にこの持論を実行するのはこれが最後の作品になるであろうとも思っていた。この書は『真説光クラブ事件—東大生はなぜヤミ金融屋になったのか』として、角川書店から平成十六（二〇〇四）年に刊行された。

山崎の軌跡を追い求めているうちに、実は彼が東京帝大の学生として学徒出陣し、そして北部軍の主計将校として終戦を迎えたそのプロセスに、陸軍の不条理が凝縮されていることがわかった。山崎が東大に復学した時に、三島と同じ学年であったこともわかった。二人は意外なほど接点があったのである。

山崎晃嗣

三島の作品の一つに、『青の時代』がある。これは『新潮』の昭和二十五年七月号から十二月号までに連載されたのだが、それに一部加筆して単行本として上梓された（昭和二十五年）。

山崎が自決したのは昭和二十四年十一月であったから、八ヵ月ほどで作品化したのである。小説としては、三島自身はあまり出来は良くないと思っていたらしい。のちに著した『私の遍歴時代』によるなら、

「(一九五〇年、五一年の私の仕事ぶりを見ると)取材も構成もおろそかにしていきなり光クラブ社長の小説化に飛びつき、およそ文体の乱れた『青の時代』などを書いてゐる」という自己評価であり、自らの文学作品としては失敗だったにせよ、山崎を通して何かを訴えたかったということはできるであろう。

この『青の時代』を改めて読むことで、私は山崎と三島が友人ではなかったのかとの印象を持ったのである。

山崎と三島は友人だったのではないか

山崎の経歴を大まかになぞるには、自殺当時の新聞報道がもっともわかりやすい。たとえば、朝日新聞は、「学生社長(光クラブ)自殺す」「三千万円の金策つきて」との大見出しのもと、記事の中では、「人生は劇場だ 戦後学生の一典型」「債権者びつくり 早くも四十数名が押しかけ」といった見出しが躍っている。各紙の記事には、「東大学生」「ヤミ金融」「独自の哲学」「死で清算」といった文字が見える。これらの報道は、戦後における「アプ

レゲール犯罪」という見方が基本になっている。

私はこれらの見方が全面的に正しいとは思わないが、一面はついていると思う。『真説光クラブ事件』ではそこを書きたかったのだが、なぜ金にも困っていない山崎が、このようなヤミ金融を行ったのか。千葉県のある都市の市長の子弟に生まれ、少年期から秀才と言われて育ち、第一高等学校、東京帝大と進んだ学徒が、なぜこのようなあまりにも形而下の仕事に手を染めたのか。そのことは検証しておく必要がある。当然そこに〈戦争〉の影があるだろうと、私は考えたのである。

山崎と三島は実は友人だったのかもしれないと思ったのは、『青の時代』のある場面を読んだからである。

三島はこの作品の中で、山崎の実家を描写している。それはまさに、訪れたことのない者には書けない描写であった。このことは、この市の市長を長年務めた人物が証言していた。幼年期から山崎と遊びまわり、のちには一高の先輩にも当たるので、山崎やその実家のことをよく知っていた。その人物は、三島が山崎の実家に遊びに来たであろうと言っていたのである。

この人物の証言内容は具体的であった。拙著から紹介する。

「私は戦争から戻って中央官庁に身を置いていたけれど、光クラブが山崎君の自決の前にもなんどか新聞で報じられたことがあってね、あの山崎君とはなかなか信じられなかった。……あんなタイプではなかったけれどね。そのあと三島由紀夫君が『青の時代』という小説を書いたわけだが、それを私も読みましたよ。読んだ瞬間に、ああ、三島君は、山崎君の家に遊びに来たことがあるのか、とすぐにわかりました。なにしろあの小説の中で語られている山崎家の家の内部は、僕らが子供のころに遊んだときの情景そのままだったからね」

特に思い当たるところはありますか、と私が尋ねると、彼はすぐに二、三の指摘を行った。彼は、「ある、ある」と言って、次のように答えたのである。

「山崎家の家の二階からは矢那《やな》川が目の前なんだ。といってもすでに堤防は出来上がっていたから、水が増しても浸水する恐れなどはなかったからね。この二階の出窓から、釣り糸を矢那川に垂れるとハゼなんかを釣ることができたんだ。僕らもよく子供のときにそうして遊んだものさ」

「戦争の話は一切しなかった」

実際に私も取材の折に、山崎家の周辺を克明に見て歩いたのだが、確かに洋館風の山崎家の外観からもそのことが窺えた。三島は『青の時代』の中で、主人公・川崎誠（山崎はこの名で小説化されている）の育った家について次のような文章を書いている。

「石の門と飾りけのない二階建の外観は、見るからに、酒一つ嗜《たしな》まない家長の謹直さを偲ばせる。この家の唯一の面白味は、川に突き出したヴェランダで居ながらにしてできる鯊《はぜ》釣《つり》であつた」

三島がこの小説を書き始めたのは昭和二十四年十二月からといっているので、山崎の死からわずか一ヵ月ほど後のことである。三島は一つの作品を書くのに年単位の時間を使うといわれているが、これほど短期間に作品化することはきわめて珍しい。つまり事前に山崎との交流があったことも、短期執筆の原因のひとつになりうるのであった。

前述のように、三島がこの作品を失敗と認めるのも、あまりにも慌ただしく書きすぎたと認めていたからであり、それは亡き友を弔うといった感情があったからではないかと私には思える。

昭和二十年代の初め（つまり戦争が終わった直後からの二、三年間ということになるが）、東大の法学部で学んだ学徒を、私は何人か探し出して、その時の友人関係がどうなっているかを確かめていった。何人かから話を聞いた。三島と山崎の二人は、学年は違うが同じ授業を受けていたという証言も聞くことができた。

私は平成七年から現在もまだ、東京・新宿の朝日カルチャーセンターで月二回、昭和史講座を続けている。これまで延べ二万人の人々に語ってきたことになるのだが、その中に、ある全国紙の元役員がいた。ちょうど山崎と同世代の学徒兵、そして主計将校で敗戦を迎え、復学したとの経歴であった。その元役員が興味深い事実を教えてくれた。

昭和二十一年、二十二年と言えば、戦争帰りの学生ばかりで、教室でも、どの戦場に行っていたのかとか、あいつはどうしただろうかといった会話が多かったという。その元役員は、いくつかの授業でそのような会話に一切加わらない学生が二人いることに気づいたというのであった。

「一人が平岡（公威）ですよ。三島由紀夫だね。もう一人が山崎だった。僕がなぜそれをおぼえているかというと、二人があまりにも特徴的だったんだ」

彼によると、三島は小柄でまだ少年のようであり、これは戦争には行ってないなという感じだったという。また、山崎は戦争の話は一切しなかった、ということで印象に残っているそうだ。

軍の持つ偽善性への愛想づかし

確かに山崎のようなタイプはいて、戦場であまりにも過酷な体験をしたために人嫌いになっていると元役員は話している。

「二人は誰ともほとんど会話せず、教室では沈黙していた。でも二人が友人になったか否かは私は知らない。でもその二人が方向は異なるがそれぞれ有名になったのが、私にも興味深い思い出になっている」

この元役員は、「二人は友人になったかもしれない、とにかく浮いていたからね」とも口にしていた。私は、二人は友人として自分たちの考えを披瀝《ひれき》しあっていたのではないかと思ったのである。

三島は本来なら戦争に行かなければならない世代だが、体力的に満たないため行かずにすんだようであった。学友たちの従軍話に引け目を持ったことは充分に考えられる。一方で山崎は軍内での理不尽な動きに不信を持ち、白を黒とし、黒を白とする上官の非人間性や終戦時の物資持ち出しの責任を山崎に押し付けて逃げるような卑劣さに心底からの怒りを持って除隊したのであった。

『青の時代』には、こうした事件も遠回しに語られている。

三島と山崎の間で何が話し合われたのか、あるいは若干の会話を交わして友人になり得ないとの判断が双方にあったのかは史料がないのでわからない。

一高時代からの山崎の親友が、将校から水風呂に飛び込めと言われて心臓麻痺で急死するのだが、それを町の医師のせいにさせる役を山崎は命じられている。山崎は軍の持つ偽善性に愛想づかしをした。

戦時下、戦地に赴く友人に密かに手紙を書き、それを「国家は最高の悪である。虚偽は最大の善である」と結んだ。

そういう山崎と三島が教室で、疎外の感情を持ちながら、どういう会話を交わしたのだろうか。それ自体が昭和史の謎である。

ただある一事を私たちは考えなければならないように思う。

山崎が青酸カリを含んで自殺したのは昭和二十四年十一月二十五日であった。三島由紀夫が楯の会の会員と共にあの事件を起こしたのは、昭和四十五年十一月二十五日であった。

これが偶然なのか否かは私にはわからない。しかし、たとえ偶然であろうとなかろうと、死への感情は磁石のように惹きつけられていったというべきなのかもしれない。

自らの人生観を世に問う死

山崎晃嗣が自決してから二十一年後に三島由紀夫があの事件を起こし、そして自決している。同じ十一月二十五日にである。そのほかにあえて二人の共通点を挙げるなら、「自裁死」との表現で語ることができるのではないだろうか。

私がここでいう自裁死とは、自らが自らを裁いて自らを殺《あや》めるということである。自らを裁くという言い方はわかりづらいが、しかし自殺という枠組みでいうならば、単に死ぬというのではなく、そこには自らの人生観や歴史観が込められており、それを世に問うとの意味を持つ死である。自らを社会と、時代と、対峙させての死。さらに、その自裁死によって社会のありようが浮き彫りにされるなら、それは「社会死」と言ってもいいかもしれない。

近代日本には、確かにこの自裁死があり得た。あえて論じるのだが、この系譜についてわかりやすく説くならば、明治三十六年五月に藤村操《みさお》が日光の華厳の滝で投身によって自裁したのは、まだ十七歳の少年が学問の意義や生きることへの懐疑を抱いてのことであった。彼はまさしくこの時代の知識人予備軍の懊悩《おうのう》を抱えていたのである。その懊悩を自ら裁き、そして死を選んだのである。

この少年が飛び込み自殺の前に、樹木に書いたという「巌頭之感」の一文は、「悠々たる哉《かな》天壌、遼々たる哉古今、五尺の小軀を以て此大をはからむとす」で始まり、文中半ばの「万有の真相は唯《た》だ一言にして悉《つく》す、曰く『不可解』」は有名な一節となった。

次いでの自裁死は、私は芥川龍之介だったと思う。芥川は昭和二年七月に服毒自殺で、三十五歳の命を閉じた。彼はいくつかの遺書を残しているが、家族への遺書とは別に、友人に宛てた遺書の中で、「唯ぼんやりした不安」が死への誘いだったといっている。これをどのように解釈して自裁死と考えるのか。

芥川の遺書の一つに『或旧友へ送る手記』がある。身内や周辺の友人に宛てた遺書とは別に、本音を書き込んだ遺書と言えるのだが、その全文は二千五百字にも及ぶ。その前半部分によく知られた一節がある。「少くとも僕の場合は唯ぼんやりした不安である。何か僕の将来に対する唯ぼんやりした不安である」がそうなのだが、このほかに「僕はこの二年ばかりの間は死ぬことばかり考へつづけた」ともある。どこでどのように自殺するか、たとえばピストルとかナイフなら手元が震えて果たして正確に実行できるか、失敗する可能性があると書いたりしている。これだけのことを踏まえて、芥川はなぜ自裁死と言えるのか、そのことを考えてみるべきであろう。

確かに芥川の自裁死には、「文学上の煩悶」とか「精神的病への不安」「厭世観から」という説がある。どれが的を射ているのかは不透明である。

しかし私は、「将来に対する唯ぼんやりした不安」について、もっと時代的な意味において思考すべきだと思う。その理由を指摘したい。

暴力の時代を予期して自裁した芥川

芥川は大正五年に東京帝大の英文学科を卒業して、海軍機関学校の英語教師となっている。夏目漱石らの紹介があったという。この教官時代の芥川はきわめてユニークであった。

授業中に、どうして君らは死ぬためにこの学校に入ってくるのか、などと戦争の愚かさを説いたりしたというのだ。学生の間からは、反戦教官と言われていたらしい。時には、今日は君らの顔を見たくないと言って、横を向いて授業を進めることがあったらしい。

芥川は大正時代の人道主義、文化隆盛を本来のありうべき姿と考えていたと見ることができるであろう。死への感情は二年前からあったというのなら、大正十三年ごろからその感情は高まっていたのであろう。

ロシア革命を経て日本共産党が密かに創立されていたころか、あるいは難波大助による摂政宮狙撃事件などもあった。関東大震災時には、朝鮮人、中国人に対する虐殺事件もあった。つまり暴力の跋扈《ばっこ》である。

芥川には軍事を含めて暴力への嫌悪感が強かった。彼が自決する昭和二年七月には、軍部は第一次山東出兵を進めていた。蔣介石政府の北伐による中国統一を妨害するための出兵であった。年譜を見るとわかるが、軍部は大正十年から、大正天皇が崩御する十五年までの摂政宮の時代にはただの一回も兵を動かしていない。ところが昭和に入ると、まるでタガが外れたように動き出すのである。

軍事が専横化することを芥川は予知したのであろう。少なくとも大正精神には暴力は存在しない。それが暴力によって否定されていく時に、自らの感性は耐えられないことを芥川は理解していたのである。そういう時代には生きていけない自らの感性を尊重するなら、自裁による死は決して不思議ではない。私は芥川の自決をこのように、自らを社会に対峙させた自裁死と見るのである。

藤村操、芥川龍之介、その次に前述の山崎晃嗣を私は想定する。すでに説明した通りだが、山崎は「契約こそ人生の名分」、契約を守らない人間は、生きていく資格はない、と言っている。その言葉通り、自らが契約を守れなくなった時には、何のためらいもなく自裁死するのである。

近代日本の中で自裁死を選んだこの三人に続いているのが三島由紀夫だと、私は想定している。三島はあの事件で自衛隊員たちに、「我々とともに起ち上がろう」と決起を呼びかけた。しかしまったく賛同はない。三島はこれは想定のうちだったのだろう。三島は自裁を予定通り行った。

「戦後を鼻をつまんで生きてきた」

三島はこの事件に至るプロセスで、いくつかの死を想定する胸中を吐いたり、文言を書いたりしている。すでに記したが三島の戦後社会を全否定する言葉を探れば、「私は戦後社会を鼻をつまんで生きてきた」との言がある。

三島をあえて自裁死というのは、自らが鼻をつまんで生きるような時代空間に身を置くことの苦しさを考えた時に、そこで諾々と生きていくか、自らを殺めるかのいずれかを選ぶとして、後者を選んだのである。それこそがまさに自裁死であった。

三島とは異なるにせよ、平成三十年一月に自裁死した評論家の西部邁《にしべすすむ》は、その死が社会化する意味を持っていたということでは変わりない。

少年期に一時期、越境入学でともに朝晩汽車通学をした友人（学年は彼が私の一年上級であったのだが）という立場から言うなら、西部の本質は、時代の流れの中で最も誠実に生きた知識人である。彼の自裁死（そもそも、この語は彼が用いてよく使われるようになった）は、この時代が抱え込んだ疲弊が病いに転化していることに、彼は我慢がならなかったということだろう。むろん彼自身にも自殺すべき理由はあったのだろうが、時代から要求されている枠組みに対して、彼に強い反発があったのも事実であった。

西部は、三島に対して複雑な思いを持っていた。このことについて、西部の各種の原稿などでもできるだけ深入りすべきではないとの姿勢が見え隠れしている。大雑把に言うなら、「鼻をつまんで生きてきた」と自称する作家の感性とは一線を画していたと言うべきかもしれない。

西部は三島についての政治上の評価は、大きく言えば保守との立場で見ていたのだろうが、特にその行動については関心がないように思える。西部は、何度か三島由紀夫論を書いている。最初は昭和六十三年に文芸誌『海燕』に寄稿した「明晰さの欠如」であろう。三島の論理がある部分では破綻しているのではないかとの疑問を表明したのであった。

ところが平成十二年に三島の自決から三十年を迎えたとき、「虚無の根を絶つ決断」と題する稿（産経新聞、十一月二十五日）では、三島の死を自らに引き寄せている。かつて自分は、三島が戦後精神に死を賭して抗うことに賛成すると言いつつ、その説明に文（言葉）と武（行動）を両断して両者を死への飛躍において結合する論法に失敗していると断じた。ところが三十年を経て、そのように考えた自分は軽率だったと自己批判している。そして次のような独自の境地を告白するのである。引用しよう。

「もはや有意義なことはなし得ないという段階におのれの人生が達したとき、あるいは死を賭して参画するほかない当面の行動以上に有意義なものを自分の将来において展望し得ないというとき、人間は自死を遂行しなければならないのだ。そう身構えなければ、『生きることそれ自体』が最高位の価値になりおおせてしまい、結局、生命が一切のニヒリズムの温床となる」

西部にとって、三島の自決は政治的死であり、そこには政治の本質を示そうとの意思があったというのである。しかし西部の死は政治的ではなく、この引用文こそがまさに十八年後の自らの自裁死の理由となっている。西部の死は、三島とは本質的に異なると本人があらかじめ示したのである。

従って三島と西部を同じ平仄《ひょうそく》で捉えるわけにはいかないのだが、そういう個人間レベルの見方とは別に、時代の中での社会的死を試みたという点では、共通の見方をすることができる。私論では藤村操、芥川龍之介、山崎晃嗣、三島由紀夫、西部邁と五人を並べてみて、ふたつの共通点を指摘できるのである。

（一）彼らは自裁死することによって、自らの死を社会化してみせた。それは日本社会の中に一定の影響を与えた。

（二）彼らは一語に収斂《しゅうれん》できるような思想のコアを持っていた。「人生不可解」、「ぼんやりした不安」、「契約が全て」、「鼻をつまんで生きる」、「死は私が決める」といった語が表す思想や哲学を持っている。

日本人のナショナリズムの心底をつく

五人の自裁死は、それぞれ社会に補助線を引く結果になった。それによって社会の底に潜む時代の本質を明らかにしたのである。

たとえば三島の思想は戦後民主主義の信奉者たちにとっては、きわめて危険な内容を含んでいた。自衛隊の隊員たちに呼びかけた内容は、「天皇を中心とする日本の歴史・文化・伝統を守る」ことであると明言した。同時に三島は、自衛隊には「武士の魂」こそが必要だと言い、そして「アメリカは真の日本の自主的軍隊が日本の国土を守ることを喜ばないのは自明である」とも訴えていた。だが、日本人のナショナリズムの心底をついているという点では、否定できない重要な意味も持っていたのであった。

三島が社会に補助線を引いているというのは、そういう意味である。実はこの補助線が戦後民主主義の疲弊を撃つ役割を果たすことを、三島は知っていたと言うべきであった。戦後民主主義が人間天皇の存在を軸とすることへの反発を示して、三島は天皇の神格化を強く要求することによって、人間天皇という俗論的方向を一蹴するつもりでいたのである。これが、「などてすめろぎは人間《ひと》となりたまいし」に込められた真意であろう。

三島の本来の思想がどのようなものであったのかは、実は今に至るも精力的に分析が試みられていない。楯の会事件が何を意味しているかとて、十分に検証されていない。

三島たちの行動はむろん市民社会での道徳や倫理などの面で批判を浴びたし、たとえば右派の政治家にしても、このような行動に賛意を示すわけにはいかず、きわめて中途半端な内容のコメントでお茶を濁した。

ところが、戦後日本の矛盾が三島の背景からは浮かびあがってくるのである。

三島は知っていたのだ。自らの自衛隊員へのクーデター呼びかけが実るわけではないことを。彼は逆に自らの意見と行動が軍事という領域で刺激になればいいという程度の理解で見つめていた節もあった。楯の会創設はその起爆剤ということだったのだろう。

こうした分析を踏まえて、三島以外の四人の社会死を見ていくなら、彼らは自らが死を選ぶことで、歴史はどのように判断をするのかを理解していたと言うべきであった。藤村操の時代にはメディアはまだ十分に環境を整えていない。芥川は自分が死んで見せるということを、実際の決行の二年前から公言していた。それを実現させた折に、夫人はよかったねと呟《つぶや》いたとの説もあるほどだ。山崎はアプレゲールとして人々に注目され、さらに高利貸の東大生として戦後の混乱期のメディアに登場して社会を混乱させ、自裁死そのものをまるで儀式のように仕立て上げて、この世を去った。西部も自裁そのものを決行の五、六年前から公言していた。

腐蝕の空間では生きていけない

これに対して三島は、自裁そのものをわかるような、わからないような形に作り上げていた。楯の会という擬似的軍事組織は実は自らの具現的な形であった。その存在は一定の思想によって武装されていたのである。あるいは思想と称するものによって、自らの死に、ある衣装を纏《まと》わせた。そのひとつが次のような言にあった。

三島が昭和四十五年七月七日のある新聞に、「果たし得てゐない約束―私の中の二十五年」というタイトルで書いた一文の中に次の一節がある。

「(昭和二十年から四十五年までの)私の中の二十五年間を考へると、その空虚さに今さらびっくりする。私はほとんど『生きた』とはいへない。鼻をつまみながら通りすぎたのだ」

鼻をつまんで通り過ぎるとの意味は、この二十五年間が異様な臭いを発し、大げさに言うなら腐蝕の進んだ空間だったということになる。むろん三島にとって腐蝕の進んだ空間とは、戦後の憲法体制ということになるのだろう。この空間にあっては鼻をつまむ手を離すと、とたんに生きていけない。いつ手を離すか否かは、三島自身の意思による。それが自裁死ということであった。この稿を書いてから四ヵ月半余後に、三島は鼻をつまむ手を離したことになる。そして死んだのである。その死に着せた装いが、戦後社会を偽善と見る思考であった。

改めて振り返ると、三島の死は昭和史の中で一周遅れの哲学、思想に殉じたように思える。三島が最後に口にした「天皇陛下万歳」は、政治的意味を持つのか、それとも文化的意味があるのか、その理解によって三島をどう受け止めるかが異なってくる。文化的という理解では、天皇はいわば「美しい存在」との意味になるのであり、政治的事件とは異なってくる。私が三島の死を究極的には文化的な規範に殉じたと見るのは、政治的には決して意味のある死とは受け止め得ないからである。

三島を含めて近代日本史上で自裁死を選ぶことにより、何ごとかを歴史の中に埋めていった人たちに、改めて問わなければならないことがある。それはたったひとつの問いである。自裁死によって社会のありようをあぶり出す「社会死」に向かおうとする意志があったかどうかだ。

「あなたは自らの死が社会死という枠組みを作り上げていくきっかけになると考えましたか」

彼らの答えは五人五様に分かれるだろう。私たちは誰の答えから自裁死の本質を汲み取るべきであろうか。

三島の死を社会死にまで引き上げて考えようとするのは、私自身の歴史観のためかもしれない。

第二章

近衛文麿はなぜGHQに切り捨てられたのか

近衛首相と東條陸相との対立

近衛文麿は昭和史の首相の中でも奇妙な位置づけをされている。一般的には、面倒な事態になればすぐに投げ出す、わがままで自己本位といった評が付きまとう。今風な表現でいえば、責任感が希薄といった見方をされていると言ってもいいであろう。

私は、特にそれに反論を加えたいわけではないが、近衛をそのように見ることは、ある固定化した人物像の中に押し込もうとの策謀ではないかとも思えてならないのだ。特に陸軍の指導部に身を置いた軍人が、日本では軍事をコントロールできる政治家はいなかったと言い、近衛がもう少しわがままを言わず、政治に責任を持てば、日本は戦争にまでは至らなかったなどという言を吐いているのを聞くと、あなたは歴史上の事実をはき違えているのではないかと軽蔑したくなる。

近衛は昭和十年代に、三度にわたり内閣を組織するが、いずれも陸軍との関係のこじれが尾を引いているように思われる。

もともと陸軍の指導部は、近衛に期待をかけていた。第一次世界大戦後のパリでの講和会議に出席する前に、近衛は「英米本位の平和主義を排す」との論文を書き、注目されている。英米主体の世界秩序に異議を申し立てたのである。この論文は軍内でも注目された。

昭和の陸軍は結局はこの路線を歩むことになったわけだが、当時は近衛を理論的主導者と見る空気もあったのだ。

しかし近衛は陸軍の指導者の傀儡《かいらい》ではなかった。むしろ本質的には敵対感情を持っていた。それは第一次近衛内閣時には見受けられなかった。その対立が明確になるのは第三次内閣時の昭和十六（一九四一）年九月以降である。

いわゆる九月六日の御前会議で、十月上旬をメドに対米交渉を進め、それが妥結の方向に向かっていないのであれば、ただちに対米戦争に入るというのが決定事項となった。その十月上旬が近づいてくるにつれ、近衛首相と東條陸相との対立が先鋭化され、論争を続けることになっていく。

そんな時、近衛は「私は戦争に自信がない。自信のある人にやってもらいたい」と言うと、東條は「戦争に自信がないとはなんですか。それは九月六日の議論の時に論ずべきことではないか」と反論する。

十月十四日の閣議の前に、近衛は東條を官邸に呼んだ。そして最後の説得にかかった。近衛の死後に刊行された『失はれし政治─近衛文麿公の手記』（朝日新聞社）の中にこの時の近衛と東條とのやりとりが書き残されている。長くなるが引用しよう。

近衛の弱さの因は何なのか

「余は支那事変に重大責任があり、此《この》事変が四年に亘《わた》つて未《いま》だ決定を見ない今日、更に前途の見透しのつかない大戦争に入ることは何としても同意し難い。この際、一時屈して撤兵の形式を彼（米国）に与へ、日米戦争の危機を救ふべきである。又此の機会に支那事変に結末をつけることは国力の上から考へても、国民思想の上から考へても必要であると考へる。国家の進運発展はもとより望む所であるが、大いに伸びる為《ため》には時に屈して国力を培養する必要もある」

これに対して、東條の答えはいかにも紋切り型であった。

「此の際米に屈すれば彼は益〻《ますます》高圧的に出でとどまるところがないであらう。撤兵の問題は、名を捨てて実をとると言はれるが、これは軍の士気維持の上から到底同意し難い」

二人の論の対立は、近衛が国のゆく末を考えているのに対し、東條は軍隊の士気維持のために戦争の開始を要求していたと言うことができる。誰が見ても、近衛の側に理があるのに、近衛は深く議論せずに内閣を投げ出している。どうして近衛はこの時に内閣を投げ出してしまったのであろうか。これは歴史上の疑問である。

私は、近衛が弱気だとか、へっぴり腰だとかと言われる因は、この昭和十六年十月の東條との戦いが不十分だったことにもあるだろうと考えてきた。そして、この疑問を解きたいと考えてきた。

近衛の秘書は細川護貞《もりさだ》である。近衛の女婿《むすめむこ》であり、もともとは肥後熊本藩主細川家の第十七代当主である。京都帝国大学卒業後は第二次近衛内閣の時から秘書官を務めた。その後は高松宮宣仁《のぶひと》殿下からめまぐるしく動く政治情勢について情報収集する役を担ってほしいと頼まれ、引き受けている。こうした体験を経ることで細川は歴史感覚を養うことになった。

私はこうした経歴を見て、細川から近衛の弱さの因は何なのかを確かめたかった。私なりの疑問に答えてもらいたかった。細川には、その生前に都合四回会ったのだが、いずれの時も私の疑問を解いてくれたのである。

最初に会ったのは昭和六十三年の秋だった。昭和天皇が病で倒れ、日々その体温や血圧などの数値が発表されている時であった。皇居前のパレスホテルでの取材であったが、ソファに長身の体を沈めながら、どういうことでもわかることは答えてあげようと私の緊張を解いてくれた。この頃、細川は七十代半ばのはずであったが、口調ははっきりとしていた。

「ひどい痔に悩んでいた」

細川は近衛内閣の裏話を語り、それに私はその頃に秩父宮雍仁《やすひと》殿下の評伝を著そうとしていたので、秩父宮や高松宮殿下の話になった。細川の話はエピソードのひとつひとつが

細川護貞

具体的で、私には興味深かった。近衛首相について、私は一般的に言われているようなトーンで、もっと強い宰相であったならといった口ぶりで尋ねた。細川は黙って聞いていた。二、三の言葉に頷《うなず》いたにせよ、そういう話は聞き飽きたというふうにも見えた。

「君はまだ若い。この時代のことをこれからも調べながら著述していくんだろうね。それであえて教えるのだが、近衛さんは実はあの時、ひどい痔に悩んでいたんだ。昭和十六年の十月頃になるんだが……」

と言いつつ、この月の中旬が最もひどかったんだよ、とも補足した。私たちはしばらく痔の話に時間を費やした。君は痔の経験があるかと訊《き》かれ、私は首を横に振った。

「あの頃の近衛さんの写真の中には、椅子に深く座っていない写真もあるはずだ。なにしろ椅子に座るのも腰を少しだけ載せていたからね」

そして「こんなふうにだよ」と、自らその真似を試みた。私もそれに合わせて腰を浮かせてみた。

近衛が東條と自らの執務室で、あるいは東京の杉並にある私邸「荻外荘《てきがいそう》」の応接室で、痔の痛さに耐えながら、懸命に対米戦争を避けようとしていたその気持ちは歴史上に定着させなければならないと思った。同時に私は、近衛の肉体的な変化により、歴史は変わったのかもしれないと考えると、複雑な思いもした。

そしてこれはすでに書いたこともあるのだが、このことはある疑問を氷解することにつながった。次期首相を選ぶにあたり、前任者の首相の発言権は事を大きく左右するのだが、この後任者決定の重臣会議に、実は近衛は出席していない。この経緯は『木戸幸一関係文書』（東京大学出版会）に記述されており、「近衛内閣総辞職・東条内閣成立・重臣会議要綱」と題する文書の冒頭にある重臣会議の様子についての部分に次のようにある。これは木戸幸一内大臣の開会の挨拶の中に記録されている。

微妙な表現でもあるので引用をしておこう。木戸は初めに次のように話している。原文は片仮名、旧仮名遣いだが、引用にあたっては平仮名、新仮名遣いに直している。

「今回の政変に就《つい》ては事情が可《か》なり込み入ているので、近衛総理の出席を求めて説明をして貰う積りで、御許しを得、又近衛公の承諾も得て置いたのでありますが、昨夜来病気発熱のため出席が出来ないと云うことを申して参りまして、尚経過は書類を以て送付して来ましたので、これを今から読で見度いと思います。（以下略）」

近衛の病名は明らかにされていないが、突然の発熱とは痔によるものだったのである。

そして近衛は重臣会議の欠席にそれを使った節があった。これは私の推測になるのだが、内閣を投げ出してしまった近衛は、次の総理大臣もまた自分と同様に陸相の東條ら開戦派から突き上げを受けることに同情を感じていたに違いない。いずれにしても開戦派の東條が最高責任者になるとは信じていなかったであろう。

閉ざされた「中庸の道」

こうした経緯を見ると、私はこの時、近衛と木戸との間に亀裂が生じていたように思う。近衛の重臣会議欠席と内閣投げ出しには木戸への不信も関わっていると思われ、一方、木戸の側からすれば近衛の振る舞いに不快の念を覚えたはずだ。近衛が木戸に提出した文書は、日米交渉がなぜうまくいかなかったか、開戦に対する自らの見解、海軍側の見解などにも触れつつ、対米交渉には可能性がある、いやないという対立が解消されなかったと正直に伝えている。近衛はこの段階では内大臣の木戸幸一との間にわだかまりがまだ小さかったと思うが、やがて大きく開いていくことが予想される状態になっていく。この点については後で詳述したい。

私は、昭和五十年代から太平洋戦争に関わった軍人や政治家に話を聞いてきたのだが、その折にいつも奇妙な感を受けるケースがあった。たとえば、太平洋戦争の主導的な役割を担った軍人たちはいくつかの点で口裏合わせをしていることがわかった。その共通する言い分をあえて箇条書きにしておこう。

（一）海軍の首脳部が開戦か否かを鮮明にせず、陸軍に責任を押し付けた。
（二）陸軍首脳部は昭和天皇に抗する意思はなく、実際に反した行動はとっていない。
（三）陸軍内部の不祥事（二・二六事件など）には断固たる処置をとった。
（四）議会、国民が対英米戦に積極的で軍に執拗《しつよう》に開戦を促した。
（五）反軍的な政治指導者に常に戦争指導が妨害されて国論が統一されなかった。

この五点は特に東條系の軍人が口にする言葉だった。具体的に人名をあげる段になると（一）では及川古志郎ら海軍の指導者、そして（五）では近衛や吉田茂らの名をあげるのであった。

現実には近衛は昭和十一（一九三六）年の二・二六事件以来の政権の中で、陸軍の政治将校の傀儡にされたようでもあった。二・二六事件後に、当初は広田弘毅《こうき》内閣が成立するが、中国政策などですぐに行きづまると見ると近衛が担がれて第一次近衛内閣が組織される。そして、陸軍の要求する政策を受け入れるようにアレヤコレヤと近衛に注文をつける。昭和十二年七月の盧溝橋事件から始まる日中戦争では、陸軍はひたすら拡大路線を歩み、不拡大の近衛に圧力をかける。そのうえで近衛に、「爾後《じご》、蔣介石政府を相手にせず」と言わせて長期戦に入り、国力は衰退していく。勝利が得られないのは米・英のためだと怒り、独・伊との三国同盟に傾斜する。このように、近衛は陸軍に利用され、そのプロセスで結果的に反陸軍の人々を黙らせる役割をも果たしたのであった。

近衛は陸軍に体良《ていよ》く利用されたのであり、さらにそれを打破しようとしたにもかかわらず、昭和十六年十月のことになるが、東條との駆け引きでもその立場を利用されたのである。近衛は歴史の中で中庸の道を選ぼうとした。しかしその道は当時の日本社会ではまだ不透明だったのである。

近衛は個人的には一足早くに市民社会の一員としての自覚を持った。その目から見れば日本社会の封建制に我慢がならなかったということであろう。特に軍人社会の後れている意識には苛立っていた節が窺えるのであった。その苛立ちに痔の痛さも加わって、近衛は苦しんだのであろう。

近衛を昭和という歴史の文脈で捉えてみると、彼は軍部が力を得ていく重要な局面に何度か直面しているのだが、そこではすべてマイナスの存在として理解されている。まさに「悲劇の政治家」ということになるのだが、それを改めて検証すると、日本は戦争に進む折には有為な人材を使い捨てにしたといった残酷な風土が浮かびあがる。

統制派が共産主義と結びつく懸念

太平洋戦争が始まって以後の近衛は、東條内閣からは吉田茂とともに反戦グループの中軸に見られていた。実際に近衛は具体的な講和運動を起こすわけではなかったが、周辺の者にはこの戦争のゆく末には共産主義の革命が起こるといった言説を吐くようになっていった。政治、軍事、それに天皇周辺の要人は、東條のあまりにも独裁的な戦争指導に批判を口にするようになった。戦況が悪化するとより一層東條批判は広まった。

近衛の秘書だった細川護貞の『細川日記』や、『木戸幸一日記』、さらには『真崎甚三郎日記』などを丹念に見ていくと、やはり天皇に近い人たちは天皇の苦悩を知る立場にいるせいか、もう一度、近衛を首相にと考えていることも窺えた。

近衛は、そのような期待をよく知っていたが、自らはその気持ちを持っていなかった。というのは、日中戦争や太平洋戦争は自らの失政により始まったという自省があったからだった。その分だけ、できる限り早急な終戦へのこだわりがあり、自らの人脈にその方法を打診していたのである。近衛は戦争はやがて国内での共産主義革命を引き起こすであろうと考えたのだが、そのことを極めて率直に明かしたのは、高松宮に対してであった。

昭和十八年七月十五日の『高松宮日記』(中央公論社)を見ると、近衛は高松宮を訪ねて「時局困難ニ伴ヒ国内態勢ノ問題ニツキ談話」したり、二人はかなり具体的にこの期の状況について話し合っている。近衛は陸軍内部の思想傾向に不安を漏らすという具合であった。

近衛は当時の陸軍内部について、皇道派と統制派の思想問題をどう見るかで自分は他人と異なっているとの見方を示している。天皇は側近の助言を入れて統制派は穏健で、皇道派は危険と考えているが、近衛は皇道派は比較的素朴で、統制派の方が危険だというのである。高松宮の日記に沿っていうならば、

〈統制派はインテリであり、転向者を周辺に集めていて変革論者でもあり、その全貌を示さずに小出しに政策を出してくる。これらは企画院で出してくる政策だ。そして元を辿れば薩摩と長州の対立から来ていると思う〉

これが近衛の見解なのである。つまり、共産主義国家の統制経済が、陸軍の統制派の背後にいる転向者の論理と同じであり、そして軍内の対立は、今なお薩摩と長州の対立と同じ形をとっていると見ていたのだ。

東條に代えて、当時関東軍総司令官だった梅津美治郎《よしじろう》になったとしても、「統制派の赤化計画に乗ぜられる危険あり」（『高松宮日記』）とも言い、天皇をそのままにして共産主義体制を作るのではないかと、高松宮に伝えている。高松宮は、近衛と木戸との間には考え方の差があることも指摘している。

さて、こうした近衛の統制派に対する懸念は、昭和の初年代に橋本欣五郎《きんごろう》などの作った陸軍内部の秘密結社である桜会において現実化していたとも言える。天皇の下での共産主

義を目指す「錦旗共産党」という考え方である。近衛は、統制派はつまるところそこに帰着するというのであった。近衛は、共産主義者が巧みに軍の内部に入り込み合法を装って少しずつ権力を意のままに用いようとしていると考えるに至ったので、早めに高松宮に助言しておこうとしたのであった。

天皇はすでに戦争に不安を持っていた

近衛は時に細川を招き、自説を披瀝《ひれき》しているのだが、昭和十八年十月三十日に、天皇に上奏する政府や軍事組織の指導者が一様に虚言を弄《ろう》しているのは明らかだというのであった。それを防ぐには弟宮たちの上奏により真実を伝えなければならないと話している。その役は、高松宮だけが果たせると伝えていた。近衛は単に東條内閣を倒したところで意味がない、統制派の動きは止まらないと考えていた。

昭和十八年から十九年にかけて、東條ではだめだ、誰かに替えろ、というのが天皇周辺の人たちの声であった。その動きは次第に加速していったが、東條は強硬な態度でまったく替わる意思などない。それどころか昭和十九年六月にサイパンが陥落し、本土爆撃が可能になり、戦況は一気に悪化していったにもかかわらず、東條はますます統制と弾圧を強め、その独裁体制を固めていった。

この頃になると、近衛は高松宮や木戸幸一、さらには吉田茂などと共に反東條の動きを強めている。そういうことは細川護貞の『細川日記』に詳しく書かれている。そして『細川日記』には天皇周辺の極秘の話なども記述されている。

たとえば、昭和二十年一月六日に細川は近衛から具体的な終戦の方法を聞いている。併せて前月に木戸から聞いた話も紹介しているのだ。その内容は奇想天外とも言えるが、確かにあり得る話でもある。

木戸はいざという時には自らアメリカの大統領の元に乗り込み、和平について話し合うつもりだと言い、近衛はその時は僕が行ってもいいと答えたとのエピソードが紹介されているのである。そういう話の後に、細川は近衛の覚悟をそのままに書き残した。

木戸などの話から考えても、「（陛下は）既に最悪の時の御決心がある様拝察し奉る。（近衛は）それで申すのも恐れ多いが、その際は単に御退位ばかりでなく、仁和寺或は大覚寺に御入り被遊《あそばされ》、戦没将兵の英霊を供養被遊るのも一法だと思つてゐる。僕も勿論其の時は御供する」と言うのである。天皇もすでに戦争のゆく末には不安を持っていたのである。この説はあまり語られていないが、重要な意味を持っている。この時点で天皇が退位の意思を持っていたことが明らかということである。

近衛は次第に戦況が悪化してくると、一刻も早く戦争を終わらせなければといった焦りを持つようになる。それをより鮮明に現したのは昭和二十年二月のことだ。天皇は戦況を見て、今どのような方策が必要か、あるいはいかなる方法で終戦に持っていくか、それを七人の重臣たちから個別に聞くことにしたのである。近衛の上奏は二月十四日であった。この時に近衛が上奏文を提出したことはよく知られている。この上奏文は全文三千六百字に及ぶ膨大な内容であった。

近衛上奏文から見える歴史空間

近衛を語る時には、この上奏文について深い吟味が必要である。私はこの一文は、実はこの時の日本社会をよく示していると思う。これまで幾多の論者によって語られてきた上奏文の理解とは別に、私はまったく新しい視点で見るべきだと思っているので、その点を明らかにしておきたい。

さしあたりわかりやすく箇条書きにしてみよう。

（一）この上奏文は近衛と吉田茂の合作である。
（二）共産主義の革命分子は陸軍の中にいると書く。
（三）天皇は驚き、参謀総長の梅津に確かめている。
（四）この時に限り侍立《じりつ》したのは内大臣の木戸である。

（五）吉田茂の永田町の私邸の家政婦らにより上奏文の下書きは転写されていた。
私はこれまでこの上奏文について、（五）に関わる吉田に向けられた工作員をめぐっては、憲兵隊筋、あるいは中野学校出身者ルートの関係者からも取材を進めてきたのだが、この実態を知るにつけ、近衛は東條のルートから最も警戒されていたことがわかる。天皇の周辺にあって政治家としての力を持つのが近衛だったからでもある。

前述の五点はそれぞれが有機的に結びついていて、いわば戦時下の終戦をめぐる戦いを成していた。その視点を抜きに近衛上奏文を語ることはできない。

近衛上奏文については、たとえば猪木正道の『評伝　吉田茂』（読売新聞社）は、「何もかも共産革命の陰謀のせいにする近衛上奏文は、まことにグロテスクな文書である」と評しているし、近衛がなぜこんな文書を残したのだろうかとも書いている。いわば極めて評判の悪い一文である。

そうした事情をすべて理解した上で、あえて前述の五点を通して見えてくる歴史空間があることを、私は語ろうと思う。

昭和天皇の周辺ではすでに昭和十八年の中頃から、この戦争に勝算はなく、敗戦は天皇制の危機的状況をもたらすとの判断をしていた。東條や梅津らの軍事を動かす統制派（私は二・二六事件後のこのグループを新統制派と評しているのだが）は、共産主義者の望む方向へ突き進んでいるかのように見えた。それは、統制派の路線は破局を招くことで革命を必然化するという意味でもあり、そもそも統制派は共産主義と親和性があるとの意味でもある。共産主義を強く警戒し、ある状況では最も雄弁で過激で、そして最も国民受けする論を振り回すのが共産主義者だと判断するのは、過敏な弾圧者か左翼の手法に通じていた知識人などであるが、近衛はこれとは別に、革命時には自らの出身階層がまがうことなく敵対階級とされるとの認識を持っていたのである。

それ故に近衛の杞憂《きゆう》は余人にはわからない面があった。それを前提に分析していくのだが、前述の五点を踏まえた歴史空間を作ってみると意外なことが見えてくる。私はそれを史実の上に定着させるべきではないかと思う。

共産主義革命を防ぐには終戦しかない

まずこの上奏文は、冒頭で「敗戦は遺憾ながら最早必至なりと存候《ぞんじそうろう》」と書く。その上で、「以下此の前提の下に申述候《もうしのべ》」と続く。長文の内容は見事なほど前半と後半に分かれている。前半は、現在続けられている戦争について触れ、ヨーロッパでの戦況がどう変化しているかを語り、次第にドイツ軍は押される状態になっているというのであった。連合軍の勝利の陰にソ連の勢力が伸長していることが強調されている。

次いで後半に入るのだが、一転して論調は変わる。具体的でなくなり、訴える口調になっていく。いわば前半の現実描写に対して、後半は情念優先へと変わっていくのである。そのうえで危機意識の喚起を何度もくり返している。たとえば次のようにだ。

「職業軍人の大部分は中流以下の家庭出身者にして、其の多くは共産主義主張を受け入れ易き境遇にあり、又彼等は軍隊教育に於《おい》て国体観念だけは徹底的に叩き込まれ居るを以って、共産分子は国体と共産主義の両立論を以つて彼等を引きずらんとしつゝあるものに御座候」

「昨今戦局の危急を告ぐると共に一億玉砕を叫ぶ声次第に勢ひを加へつゝありと存候。かゝる主張をなす者は所謂《いわゆる》右翼者流なるも背後より之を煽動しつつあるは、之によりて国内を混乱に陥れ遂に革命の目的を達せんとする共産分子なりと睨《にら》み居り候」

このために軍内の共産分子を追い出し、すぐに和平に持っていくことが共産主義革命を防ぐ唯一の道だと結論づけている。この上奏の時に天皇は近衛に、梅津は大本営としてはソ連の力を借りてでもアメリカと戦いを続けたいと言ったが、そのことをどう思うかと尋ねている。近衛は、アメリカに対しては降伏以外にない、たとえ無条件降伏しても、アメリカならば皇室をなくすることはないと断言した。

近衛のこうした提言は他の重臣よりも、現実の動きに強い関心を持っていることを窺わせた。天皇は賛成か否かは別にして、近衛に軍内の軍人の評価を確かめるなど、他にもいくつかの質問を発している。天皇はのちに梅津に対して、軍内に共産主義者はいるのかと尋ねてもいた。やはり不安だったからであろう。

これだけの状況を見ながら、昭和二十年二月の段階での近衛を中心とする天皇周辺の動きを見ると、史実のもう一つの側面が見えてくる。どういうことか。つまり戦争は挙国一致などではなく、さらに天皇自身が戦争は無理な段階に来ているとの認識を持っていたとの事実である。

私は近衛の秘書で、高松宮の情報係も務めた細川護貞から、この頃の政治の動きや近衛の心境を確かめたが、そのあたりのことは自著を読むように言われた。確かに『細川日記』(このタイトルに変わる前は『情報天皇に達せず』であった)は、近衛の動きなどにも触れている。しかしもう一面で、語りたくない事実もあるように思った。それは天皇との関係をめぐる、近衛と木戸の心理的な葛藤とでも言うべき、きわめて微妙な問題であったのである。

前述の五条件によりでき上がる歴史空間からわかることは何か。私は、この上奏文を中心円に据えて、そこから放射線状に発する道筋にこの国の指導者間の駆け引き、そして形を変えた権力闘争があったと見るのである。そのことをさらに指摘していきたい。

天皇に対する脅かし

近衛上奏文から放射線状に発する上記の五つの局面を、わかりやすく言いかえると以下のようになる。

（一）近衛と吉田の関係
（二）近衛・吉田と陸軍の対立
（三）天皇と陸軍の対立
（四）近衛・吉田と木戸の関係
（五）吉田と陸軍諜報部門の対立

これらの人間関係がはからずも浮かび上がってくるのである。そして太平洋戦争末期になると、終戦への道筋はこれらの関係において露骨に明白になってくるのであった。

それぞれ簡単に説明するが、まず（一）について言えば、近衛と吉田は同志の関係だ。実は天皇に会う二日前に、近衛は密かに東京・永田町の吉田の私邸を訪ねている。憲兵を警戒して鳥打帽子にマスクをつけての訪問だった。近衛は事前に天皇と会うことを吉田に伝えていたと見られるのだが、上奏文を提出することも二人の間では打ち合わせずみだったと見ることができるように思う。近衛の書いてきた一文の中に、吉田が自らの意見も合わせて書きあげたのが、この一文であったといっていいだろう。

そして前述したようにこの上奏文の後半部分は、前半とは明らかに調整がついていない印象である。まるで謀略史観そのものである。文章の乱脈、思い込みによる強引な論理など、二人の知性とはかけ離れている。

それ故に想像するのだが、これは天皇に対する、ある意味では脅かしと言っていいように思われる。このままでは敗戦イコール革命、つまり我々の階級や階層は解体させられてしまうことになる。ぜひ終戦への舵取《かじと》りをお願いしますとの訴えである。（一）からはその構図が浮かんでくる。

次いで（二）である。ここからわかるのは、陸軍の憲兵隊が、東條に命令されてのことだろうが、吉田を徹底的にマークしていることであった。

吉田の永田町の私邸の家政婦は、憲兵隊に訓練された工作員であった。実は吉田が近衛上奏文の写しを取っていたのだが、それがこの家政婦の手に渡り、そしてそれが陸軍の上層部に手渡されたのであった。さらに大磯の吉田の別邸に住み込んでいた書生はやはり陸軍省兵務局からの工作員（中野学校出身者）であった。私はこの書生（東某）の遺族から、当時の回顧録を入手し、それを書にしてまとめたことがあった。そのため、この工作員がどのような役割を果たそうとしたのか、それについては比較的詳しく語ることができる。

天皇は陸軍を見限った

この書生は、吉田が日々どのような動きをしているのかを詳しく調べていたのである。特に近衛グループとの接触に注意を払っていたといってよかった。（二）についていうと、陸軍上層部は、近衛が吉田と接触し、そしてそういう民間の終戦工作が天皇に伝わることを何よりも怖れていたのであった。

（三）については、実はこの頃から、天皇の陸軍に対する態度に変化が起きる。ここで私の推測、あるいは私の史実解釈を記しておきたい。それは天皇の心理的変化である。私はそれを次のように考えている。

〈三年八ヵ月の間続いた太平洋戦争で昭和天皇はいつも同じ心境で現実と向き合っていたわけではない。艱難《かんなん》辛苦の心境だったと思う。なぜ戦争を選んだのか、なぜ外交方針に希望を託さなかったか、という悔恨の繰り返しだったのである。その結果、昭和二十年の初めには心理的には衰弱状態だったと思う。こうした見方は側近たちの日記などからも、容易に推し測ることが可能である。この段階を経て、心理的な葛藤を克服し、それだけでなく終戦への道筋を考えていったのである〉

それはつまり、天皇が陸軍を見限ることを意味していた。やがてそれが具体的行動となって現れる。この点が重要である。

次いで検証しなければならないのは、（四）の近衛と吉田の連携に対して内大臣の木戸幸一がきわめて微妙な立場であったことだ。近衛の天皇との拝謁《はいえつ》時には木戸が侍立している。他の重臣の時には侍従長の藤田尚徳《ひさのり》が立ち会っている。近衛の時、藤田は木戸から「私が立ち会う」と言われ、この日は立ち会っていない。木戸は、表向き藤田は風邪をひいたという理由で代わっている。しかし実際には藤田は風邪などひいていないのにである。

木戸はなぜこんな手を使ってでも近衛の拝謁に立ち会おうとしたのか。ここが史実の判断の分かれるところである。私は、木戸は、近衛が天皇の前で何を言い出すのか不安だったのだと思う。開戦から半年ほど後、近衛は吉田から提言のあったスイスのベルンに行き、そこで静養という名目で長期滞在を行う。近衛に近づいてくる連合国側の要人を通して講和の方向を探るという案を提示し、木戸を通して天皇に伝えようとしたのである。しかし木戸はこれを天皇に伝えていない。

木戸にはそういったいくつかの握りつぶしがある。それが天皇の前であからさまになることを怖れたのではないか。実際に近衛は、天皇との拝謁の後に日をおいて細川護貞に洩らしている。『細川日記』からの引用である。

「重臣の拝謁は、『要するに木戸の責任逃れさ』と批評せられたり」

との見方を示していた。海軍省の教育局長の高木惣吉には、原田熊雄が

「木戸は狡《ずる》いからキット何か自分の問題に触れはしないかという懸念」もあって侍立したのだろうと話したとの覚え書もある（『高木海軍少将覚え書』毎日新聞社）。

憲兵隊に取り調べられた吉田茂

そして（五）である。ここで考えなければならないのは、吉田を監視する諜報部門は大磯の吉田邸近くに住む要人をすべて危険人物扱いにしていた。「ヨハンセン」（吉田反戦グループの略）という暗号名で呼んでいた。なぜ吉田を危険視するかは、開戦前のアメリカの駐日大使のグルーやイギリスの駐日大使のクレーギーと親しく、今なおなんらかの形で連絡を取っているのではないかと疑っていたことがある。むろんそれは講和の動きを進めるための布石と案じていたのである。

吉田が昭和二十年四月に憲兵隊に逮捕されるのは、流言飛語を撒《ま》いたためというのだが、その実、近衛上奏文に関わったのではないかという点への軍上層部の不安の現れだった。

この時の取り調べの様子について、吉田はその著『回想十年』の中に、次のように書いている。

「『二月に近衛公が内奏した詳細な内容を貴殿は承知しているはずだから白状しろ』というのである。これにはいささか見当が外れた。しかし私はこの憲兵隊での取調べでは、一切答えないことに肚《はら》を決めた。旧憲法ですら、親書の秘密が保証されていたから、内奏文の内容を話す必要はいささかもないと考えた」

これは土台無茶な取り調べである。近衛が天皇に話した内容を、吉田が話すという関係性が判然としない。憲兵隊は近衛を調べるわけにはいかないので、吉田から天皇と近衛の会話を聞き出そうとしているのである。吉田が黙秘を続けているために、憲兵隊では近衛の上奏文の写しを吉田に突きつけた。この時の吉田は、憲兵隊側の記録によると驚いたらしい。有り体《てい》に言えば、自分の書斎の机の上にまでスパイの手が伸びていることがわかったからだ。

こうしたやりとりで吉田は、憲兵隊の意思が近衛の逮捕にあると知ったらしい。そこで、この考えは自分も同じであるが、陸軍の上層部に赤化分子がいるというのは必ずしも事実とは言えない、近衛は多分、国体護持を目的に終戦の方向を模索しているのだろうと答えている。近衛は国体護持を優先させているとの言を用いて、憲兵隊の企図そのものが不敬だということを吉田は言外に表現したのであろう。

近衛は、陸軍を中心にした軍事の指導者から見れば、天皇のもっとも近くに位置しているうえに、いつか講和内閣を組織するよう命じられるのではないかという不安の源であった。付け加えれば、吉田のもとに入り込んでいた書生は、この事件のあと、吉田のもとを離れるように陸軍省兵務局からの命令を受けている。次は、東京・杉並にある近衛の私邸荻外荘に盗聴器を仕掛けるようにとの命令を受けた。密かにこの私邸の床下に潜り込んでは盗聴器を仕掛けるべく何度も試みたことをその手記で明かしている。

近衛が戦時下にもっとも心理的、肉体的な圧力を受けたことは知っておくべきであろう。

占領下で期待される指導者だと思っていた

近衛は昭和二十年八月十五日に至るまで、鈴木貫太郎首相や木戸、それに高松宮などとの接触の中で、国策の動きを確かめていた。この終戦までの近衛の動きについては、『細川日記』がある程度詳しく描写している。

八日には、近衛は広島への原爆投下により、終戦が早まるだろうと予想している。九日にはソ連が参戦することにより終戦以外に道はない状態だと、細川と話し合った。

九日に行われた御前会議で、いわゆる天皇の決断によるポツダム宣言の受諾が決まった。続いての重臣会議では天皇の決断による宣言受諾を支持する立場に立って一刻も早くに終戦をと訴えた。国体護持が明記されていないとの軍の要請により、アメリカ側に問い合わせるも、近衛は形式にこだわらず早くに受諾すべきだと主張した。十五日の玉音放送は、近衛をはじめとする木戸、そして鈴木首相らの努力が、軍の退嬰的《たいえいてき》な本土決戦論を抑え込んだ形で結実したことを意味していた。近衛は軍部の強硬な本土決戦派を抑え込んだのは、木戸の力が大きかったと賞賛している。

近衛は木戸への不信感を最終段階で捨てたということができる。

アメリカを中心とする連合国の日本支配は、この年九月から本格的になっていくが、近衛は歴史的には奇妙な役割を演じた。

戦争処理の内閣として東久邇《ひがしくに》稔彦《なるひこ》内閣が誕生する。近衛は無任所（国務）大臣として入閣する。皇族内閣でこの状況を乗り切ろうというのであったが、当然なことに近衛は内閣では、まさにナンバー2の地位にあり、リーダーとしての本格的な役割が期待された。実際に近衛は、やっと自分の時代が来たと思ったのである。近衛の張り切りぶりは、高松宮や細川にも充分に窺えた。

これも細川の日記に書かれているのだが、近衛の元にはさまざまな政党が党首としての要請をしてきている。近衛自身、そのような意思がまったくなかったわけではないだろうが、一方で近衛は日中戦争や太平洋戦争への責任がまったくないとは言えないとの声もあった。しかし全ては、マッカーサーを軸とする連合国総司令部（ＧＨＱ）の判断に委ねられることになり、その判断を世間は注視していたのである。当の近衛は自分がＧＨＱに逮捕されるとか、戦争犯罪人になるだろうとは露ほども考えていなかった。

むしろ占領下ではもっとも期待される指導者の一員だと自ら思っていた節さえあった。近衛がＧＨＱにマッカーサーを訪ねたのは、昭和二十年十月四日であった。すでに九月二十七日に天皇とマッカーサーの第一回目の会見が行われている。近衛自身、その前の九月十三日にマッカーサーの元を訪ねて、顔見世のような関係は作っている。この十月四日は二回目であり、より具体的な政策についての話をしようとの意図があった。そのために近衛がマッカーサー司令部に連絡しての会見であった。

身の処し方に節操がない

二人の会見は、占領日本の政策をめぐる話になったが、この席でマッカーサーは近衛に対して、「(現在の)憲法は改正を要する」と伝えている。占領する側としては民主主義的ではないと言うのであった。

近衛はこの言が自らがその任に当たるようにということだと解釈した。だが、実際は不明であった。

近衛はさっそくその動きを始めた。近衛は東京帝大教授の高木八尺《やさか》を伴い、改めてＧＨＱを訪ねた。そこで憲法改正に取り組むことを伝えたのである。ここまでは近衛の言い分になるのだが、ＧＨＱ側はまだ態度を鮮明にはしなかったらしい。方針は定まっていなかったのだ。しかし近衛は日本の憲法草案づくりを進めることになった。これが東久邇のあとに誕生した幣原喜重郎内閣で問題になった。近衛は何の肩書のもとで、こうした動きを続けているのか、というのであった。

加えて近衛は日中戦争などに大いに責任があるのではないかといった批判が、新聞などで強まった。近衛内閣の書記官長だった風見章などもそのような意見を明らかにしていたのである。

近衛に対する風当たりの強さは、主に二点に絞られる。

第一点は、敗戦という新しい時代に誰よりも要領よく振る舞っていることへの反感、特にマッカーサーに対しては日本人がまだ恐れている時にさも親しげに交流していることへの嫉妬や不満があったといっていいだろう。もう一つの不満は、近衛がマッカーサーに対して共産主義運動への批判を行ったことが明らかになるにつれ、折から高揚しつつあった労働運動などの側から反感を買ったことであった。

要は近衛の身の処し方に節操がないといった不満があったといっていいであろう。

幣原内閣の閣議では、「憲法改正のような重要な問題について近衛一個人で動くのはおかしい。それなら政府としての調査を始めるべきだ」との意見が出され、近衛の動きは無視することになった。幣原内閣の松本烝治《じょうじ》国務相は「あなたの進めている作業は天皇への私的作業であり、内閣のものではない」とはねつけた。しかし近衛は自らの作業はＧＨＱからの直接の頼みであるとして、依然として作業を進めた。

こうした動きに対してＧＨＱは、この年十一月一日に、「近衛には東久邇内閣の副総理だから憲法改正の検討を依頼したが、今はその立場にない。それ故に近衛はその任にあるわけではない」と発表した。さらにマッカーサーは「近衛に憲法改正を依頼したことなどない」と全面的な否定を行った。

日中戦争は天皇の責任となるであろう

ＧＨＱの発表、そしてマッカーサーの否定声明（十一月五日）がこれほど明確に近衛に対する憎悪に満ちていたのは、近衛の側にも責任があった。その二週間ほど前の十月二十一日にＡＰ通信の東京特派員に対して、マッカーサーのアドバイスと天皇との命令により憲法改正に着手していること、皇室典範の改正などを公然と自分が中心になって行うことを明かした。近衛が少々はしゃぎすぎていたとか図に乗っていたというのは当たっている。

それでも近衛は私案を練り、帝国憲法改正要綱を十一月二十二日に天皇に届けている。その後、天皇から幣原首相に渡されたものの、これは官邸の金庫にしまわれたままで終わった。

以上が近衛の憲法改正についての動きであった。近衛の心づもりはまったく相手にされないままに終わった。こう見てくると、近衛は確かに悲劇の人物でもあった。

近衛に対する批判は日本だけでなく、アメリカ国内にあっても燃え広がり、ニューヨークタイムズなどが、近衛は中国侵略時の責任者ではないかといった論を公然と主張していった。その動きは止めようがなかったほどだった。

十一月の終わりからは、近衛は明らかに戦争犯罪人という次元で注目されるようになっていく。

戦争犯罪人にどのような人物が選ばれるのか、あるいは天皇は訴追されるのか、日本側では噂で持ちきりだった。軍事指導者は間違いなく訴追されるに決まっている。しかし政府関係者はどうか、閣僚はどうなのか、と指導者間では不安が絶えない状態であった。

昭和二十年十二月二日にGHQは広田弘毅ほか五十九人を戦犯に指定して逮捕状が出された。これが第三次の逮捕であった。続いて十二月六日になって九人に逮捕状が出た。

その中に近衛や木戸が含まれていた。いずれも十二月十七日までに巣鴨プリズンに出頭せよとの命令であった。これは当時はラジオでも放送された。近衛はこのニュースを軽井沢で知り、十四日に杉並の荻外荘に戻った。十五日には友人、知人らがしばらくの別れを惜しむために相次いで訪ねてきた。『細川日記』によれば、近衛に正々堂々と裁判を受けて欲しいと訴えた。天皇への戦争責任を問われないためには近衛の証言が必要だとの意味でもあった。

しかし近衛には、近衛なりの言い分もあった。近衛は自分の戦犯容疑は「支那事変」にあると見ていて、これはつまりは統帥の権限に及ぶことになるだろうと判断していた。とすれば、日中戦争は深く分析していくとやがて天皇の責任となるであろうという点にその論の中心があった。戦争それ自体が統帥権に関わるのであり、その責任者としての罪は問われるとの発想は、政治の部分で関わっている自分の立場では守ることができないという見解であった。

「いつかは正義の判決が下されよう」

近衛についての評伝は、岡義武の『近衛文麿』、矢部貞治の大部の『近衛文麿』があるが、その矢部書にある視点が示されている。それは、出頭をめぐる木戸との対比である。木戸は十七日に出頭を明らかにしていたが、近衛はそういう木戸に対して、天皇を擁護できる気持ちでいると評し、自分は天皇は退位すべきと思うが、木戸はそれに反対のようだといった言を、かつての自らの内閣で書記官長を務めた富田健治に伝えている。矢部書は、こうした事実を紹介しながら、天皇制が時代に対応することの難しさなどを近衛が語っていたことも示しているのである。

十五日の夜半に近衛の友人たち、そこには後藤隆之助、山本有三など古くからの友人もいたのだが、彼らは近衛を励ましつつも帰っていった。なかには自決を予知した者もいた。誰もが去り、近衛は息子の通隆《みちたか》と二人になった。通隆が、とにかく巣鴨に出頭されたい旨を伝えると、「あゝそれあ行くとも」と答えたという（『細川日記』）。その後のことは、この『細川日記』などを参考にすると、通隆に次のようなことを話したという。

「我国の将来が共産主義化さるゝこと、従つて国体護持が極めて困難なること、近衛家に生れたるものとしては、あく迄《まで》国体護持に努むべきこと」

そのうえで、「僕の心境を書かうか」と言って、通隆の前でその心境を書き連ねた。『細川日記』から引用しよう。全文は四百字弱である。

「僕は支那事変以来、多くの政治上過誤を犯した。之に対し深く責任を感じて居るが、所謂《いわゆる》、戦争犯罪人として、米国の法廷に於て、裁判を受けることは、堪へ難いことである。殊《こと》に僕は、支那事変に責任を感ずればこそ、此事変解決を最大の使命とした。そしてこの解決の唯一の途は、米国との諒解にありとの結論に達し、日米交渉に全力を尽したのである。その米国から、今、犯罪人として指名を受ける事は、誠に残念に思ふ。しかし、僕の志は知る人ぞ知る。僕は米国に於てさへ、そこに多少の知己が存することを確信する。

戦争に伴ふ昂奮と激情と、勝てる者の行過ぎた増長と、敗れたる者の過度の卑屈と、故意の中傷と、誤解に本づく流言蜚語と、是等《これら》一切の所謂輿論《よろん》なるものも、いつかは冷静を取戻し、正常に復する時も来よう。其の時初めて、神の法廷に於て、正義の判決が下されよう」

そして近衛は、十六日の未明に毒薬を飲んで自決した。

私は、平成八年に細川護貞と何度か会うことになった。この年に、高松宮の日記がそのお住まいの倉庫から発見されたというのであった。青年期、壮年期にあたる大正、昭和前期の、宮中や海軍軍人の時代の貴重な記録が明らかになったのである。これが中央公論社から出版されることになった。それだけではなく、NHKでもドキュメント番組がつくられたり座談会を行うことになった。

その際、高松宮の海軍大学校の同期生だった大井篤、豊田隈雄、それに高松宮の秘書役だった細川が座談会を行うことになり、私が司会を務めることになった。中央公論社の嶋中鵬二の仲介で、私は彼らと何度か会った。日記の読み合わせも一部行った。そういう折に、私は細川とほぼ十年ぶりに会話を交わした。その時に細川は、「この日記を読むと、近衛さんのことを生々しく思い出すね」と話していた。

私は、近衛の遺言というべき先の一文の、いつか冷静な時代に近衛に対する「正義の判決が下されよう」との言を確かめたかった。細川に、近衛の評価は今、本人の望んだように歴史の中に落ち着いているだろうか、と尋ねたかったのである。悲劇の政治家なのか、それとも救国の英雄なのか、どちらに針が傾いているかを確認したかった。結局その機会がなかったことが残念である。

私自身はこの問いに、答えを用意している。

〈人間の主体的判断と、歴史の客観的結果には確かに開きがあるが、やはり結果的な責任について、あなたの負うべき責任はある。あなたは東京裁判から逃げずに、真正面から受けて立つべきであった〉

近衛の歴史の中での評価について、これがもっとも妥当だと私は考えているのである。

第三章

「農本主義者」橘孝三郎は なぜ五・一五事件に 参加したのか

真実を語る、天才肌の優等生

私が昭和史を語り継ごうと決めたのは、昭和四十年代の後半である。三十代に入ってまもなくの頃だった。

なぜそのような決意をしたかといえば、昭和という時代は百年、二百年といった単位で見ると、必ず歴史上の検証対象になるだろうと考えたからだ。私たちの学生時代には史学科の学生は大体、明治維新に強い関心を持っていたのだが、ある年代を過ぎると「昭和」は必ず研究対象になると私は信じたのである。その時に「昭和の日本は中国に侵攻した」とか「日本は無謀な侵略戦争を遂行した」といった意見や総括だけを次代に伝えるだけでは無責任ではないか、と。

もとより私はこのような理解を否定しているのではない。日本が中国に侵攻したのは事実であり、東南アジアの国々にも多大の迷惑をかけた。しかしそのことだけを言うのでは歴史を継承することにはならない。

なぜ二十歳を越えたばかりの農村青年がニューギニアやガダルカナルで死ななければならなかったのか。太平洋の底深く沈んだ護送船の中で朽ちていかなければならなかったのか。その実態を存命者の口を通して、あるいは手記を残していった兵士たちの記録をもとに、ありのままに次代に伝えていかなければならないと考えたのだ。

そう思い立って、私は軍人、兵士をはじめ、昭和の各事件に関わった人たちの証言に耳を傾けてきた。三十代初めから四十年余の間に延べにして四千人に達する人たちの口から、自らの昭和史を語ってもらったのである。これは私の個人的関心から始めたことであり、実際には三千人近くの人たちに戦前、戦時下の体験を聞くことにより、私は日中戦争や太平洋戦争、そして日本型ファシズムの仕組みを実感をともなって理解できるようになったのである。

こうした体験の中で、私自身は多くのことを学んだ。たとえば人は自らの体験をどのように、どういう表現を用いて語るのか、そして真実を語る時はどういった態度、話し方をするのか、それがある程度わかるようになった。真実を語っているか、嘘を語っているか、あるいは記憶を操作しているか、などについて私は、「一対一対八」の法則が成り立つような気がする。真実を語る人が一割、虚言を弄する人が一割、残りの八割は私たちの大半である。

この八割の人は、その記憶をごく自然に調整し、あるいは自らに都合の良いように再構築する。私はその証言の中から操作された部分を手直しして、そして証言者の語っている中のどこが事実かを探っていく。

真実を語っている人にはこうした配慮は必要ではない。常に事実と真実を語ろうとし、実際に語っているのが前述の「一割」であるのだ。この中に分類できる存在としては、陸軍省軍務局の将校だった石井秋穂《あきほ》、政治家の後藤田正晴、昭和前期に流行歌手として名を成した佐藤千夜子、百メートル走で日本記録を出していた「暁の超特急」吉岡隆徳《たかよし》などさまざまな分野の人がいた。

そしてこのグループに属する重要な人物として、農本主義者の橘孝三郎がいる。私は橘という人物は、稀《まれ》に見る天才肌の優等生であり、人間として資質の高い人物だったと考えているのである。

理想主義的な農本主義者

橘についての人物評は、三つのことに収斂《しゅうれん》できる。

ひとつは明治二十六（一八九三）年生まれの明治、大正時代の人道主義者、もうひとつは昭和初期の国家改造を企図した農本主義者、そしてもうひとつは戦後語られてきた、右翼陣営の指導者。

橘は、昭和七（一九三二）年の五月十五日に起こった、いわゆる五・一五事件に自らの主宰する私塾の門下生を参加させている。もっとも、海軍士官や陸軍士官学校の候補生が企てた首相官邸を襲って犬養毅首相を暗殺した事件とは別に、橘の門下生たちは都内の変電所を襲って、東京を暗闇の世界にしようと試みただけである。海軍士官から事件への協力を呼びかけられての参加であったにせよ、首相官邸を襲っての首相暗殺事件のことは知らなかったのである。

戦後は、こうした事件に加わったがゆえに右翼陣営の巨頭といった語られ方もしていた。私が橘に会って話を聞きたいと思ったのは、五・一五事件の檄文《げきぶん》を読み、その末尾に「陸海軍青年将校」という名称に続いて「農民有志」といった語を発見したからである。この農民有志とは、茨城県水戸市で農本主義の私塾・愛郷塾《あいきょう》を開設している橘孝三郎のことだということは、歴史書を繙《ひもと》けばすぐにわかる。

ところが橘の名は大正時代には、作家・武者小路実篤の開いている「新しき村」と並び称される形で、自らが率先して開拓、開墾にあたり、水戸の青年たちに「文化村」を開き、人道主義的生き方を説いていることで知られていた。「西の新しき村、東の文化村」は、大正デモクラシーを実践しているかのように受け止められて、知的青年層に関心を持たれていたのであった。

昭和四十七年に入ってまもなく、私は水戸市に住む橘に宛てて手紙を書いた。

「私は野にあって昭和史の探求を続けているのだが、あなたがなぜ五・一五事件に加わったのか、その点を聞かせてほしい、ただし私は右翼陣営のことはまったく知らないので、質問が陳腐になるかもしれないけれど、人道主義者あるいは理想主義者がなぜ事件に、というのは歴史的疑問である」

といった手紙を書いて出したのである。

私は橘の住所を知らない。聞くべき人も知らないし、なにより右翼陣営の人は一人も知らなかった。ただ熱心さだけは伝えようと、丁寧に文面を認《したた》めた。そして昭和七年の事件当時の住所を頼りに取材依頼というべき手紙を投函《とうかん》したのである。

東京に出てきて、貧民窟を見る

一週間ほどすると、回答が返ってきた。奇妙な返信だった。四百字詰め原稿用紙の中央部分に「諒解」といった二文字が浮かんでいるだけだった。いつ、どのように訪ねてこいといったことには、まったく触れていない。

そこで私は、再度手紙を出して、具体的な日程を決めて、橘を訪ねた。

昭和四十七年の春だったと思う。橘と初めて会った時、私はまだ三十三歳であった。北一輝や大川周明などと並ぶ昭和の国家主義運動の指導者の一人、現実の橘には、そういうイメージはなく、和服姿で机の前に座り、私の質問に淡々と答えてくれた。

その視線は確かに射すくめるような鋭さを持っていた。二、三の質問をくり返すと、橘はすぐに注文をつけた。

「君の質問は、このご時世に立脚している。つまり戦後民主主義的にすぎるのだ。むろん私も会うといった以上、そうした質問には答えよう。だが昭和の国家主義運動を理解しようとするならば、もっと幅広い見方で質問を続けてほしい」

私は初めこの意味がわからなかった。「戦後民主主義的にすぎる」とはどういうことなのか、と戸惑った。のちにわかったことなのだが、ひとつは、唯物史観で歴史を見るな、私はその種の質問には答えたくない、ということであった。

しかし橘は、大正時代の人道主義的な共同体・文化村をなぜつくったか、そのことを熱心に説いた。

大まかにいえば、橘は少年期から秀才として名を知られていた。そして旧制水戸中学から第一高等学校に入っている。そこで文学、宗教、哲学、思想とあらゆる書を読み、知識の権化ともいうべき存在になった。ただ橘には、こうした知識欲の塊といった意味とは別に、一高に入学する前に東京に出てきて、貧民窟を見た忘れがたい体験があった。そのことに強いショックを受けたと、十九歳になった時の自らの感情を率直に語った。当時の私のメモにはこうある。

「あまりの悲惨さに驚いた。人間が生活するということはどういうことか、それがわかった。私は実家が経済的に恵まれていたので、食事には困らなかった。しかし貧しい人というのは、その日の食事にも事欠くという意味がわかった……」

大正元年九月に一高に入学したわけだが、橘の心中には、社会変革を志すという芽もその時から育ったのであろう。

「故郷・水戸に理想社会を建設しよう」

橘によれば一高時代は、死にものぐるいで学んだという。ラテン語、英語、ドイツ語を身につけ、原書を読む力をつけることを自らに課したというのであった。一高の一年生から二年生になる時に、橘は校友会誌に「真面目に生き様とする心」という一文を寄せている。そこで橘はこう書いている。

「真理を求め実在を求めて真面目に生き様とする事は偽らざる自我の叫びに従つて徹底しやうとする所に始まらねばならない。……内的に成長しつつある大きな人格の力を得て始めて真理は善となり、実在は生の中心となる」

二十歳になったころの橘が書くこうした一文は、いつの時代の向学心を持つ青年も同じような傾向になるものだと思う。私は橘にこうした青年期の一文を示しながら、老いた今、このような若き日の自分の文章に触れると、どんな思いがするのだろうか、と尋ねたことがある。

橘は苦笑いを浮かべて、こうした内容は今に通じているだろうが、私はやはり社会の歯車にはならないタイプだったんだな、といった思いがする、と答えたのが私には印象に残っている。

当時、一高を卒業することは日本社会のエリートになる道を歩むことだった。そのまま東京帝大に進み、末は博士か大臣かというのが、誰もが思い描く道でもあった。

ところが橘は一高の卒業式の前に、そのような道を進むことに強い不安を覚えた。私が身につけた知識は、エリートになるためだったのかと自問した揚げ句に、水戸に帰って農業の道に入ることに決めたのである。橘は、ミレーの「晩鐘」という絵画を見て心が動き、トルストイの人生を見て、自らの範にと考えた。そしてベルクソンの哲学、ロバート・オーウェンの築こうとした理想社会、そういった過去の人びとの生き方や考え方を知るにつれ、橘の中に「自我を尊重し、人間の尊厳をつくる社会、そうした生き方を貫く救民済世の自己の姿」というイメージが固まった。

橘は故郷・水戸の一角に、その理想社会を建設しようと考えたのである。

水戸郊外の樹木の茂った地を求め、そこにたった一人で入りこみ、木を切り倒し、仮の小屋をつくり耕作していく日々に自らの生活を変えた。大正四年のことであった。

橘によればむろん家族には反対されたというが、しかしその心中には「人間が人間らしく生きる」という姿が想定されていた。あらゆる虚飾を排するというのが、橘の生きる姿勢だったのである。

不思議な磁力を持った人物

こうして橘孝三郎という人物の青年期は、つまり大正時代の人道主義を実践する形を採っていたのである。私は、水戸郊外につくられた文化村（のちに橘の実兄やピアニストの実妹らも加わった時期があり、兄弟村ともいわれた）が、まさに大正の人道主義だけでなく、大正デモクラシーをも象徴していると思った。

実際に旧制水戸中学や同水戸高校の生徒・学生たちも橘のもとを訪ねてきて、自らの人生をいかに歩むべきか、相談する者もあった。そして実際に橘のもとに身を落ちつけて、理想主義社会建設のために一身を投じるといった生徒や学生も生まれてきたのであった。橘はまさにこの地方の「知の代表者」でもあった。

私たちは近代日本百五十年の歴史を迎えて、その姿を俯瞰《ふかん》してみる時、大正時代の理想主義の精神を忘れているように思う。私は、橘を月に一度か二度訪ねてその体験を聞いているうちに、橘が口にした「君の質問は戦後民主主義的にすぎる」の意味がしだいにわかってきた。大正デモクラシーと戦後民主主義の違いは、一言でいえばその「内在する力」の違いだったのである。

大正デモクラシーに傾いた人たちは、歴史や政治、そして人間存在そのものの中から何が真実かを求めようとして、そこに辿りついたが、戦後民主主義はそのような内的な力よりもむしろ外面的な枠組みとして、民主主義を受け入れていたのであろう。

そのようなことがわかるにつれ、私は橘孝三郎という人物が、不思議な磁力を持った人物なのだと考えるようになった。橘は、私との時間は午後一時から四時までの三時間と決めていて、その間に密度の濃い質問をするように命じ、「次に来るときはベルクソンを読んできて、それをもとに私の大正、昭和についての質問をしなさい」などと付け加えた。たとえば隣室で待っている右翼系と思われる人びとを決して私に紹介しなかった。そして私のことも彼らには伝えなかったのである。

「水戸の文化村」を訪ねる青年たち

大正時代の人道主義者であり、トルストイの生き方に共鳴するトルストイアン、そして大正デモクラシーの実践者。橘孝三郎はそのように理解されていた。第一高等学校の卒業一週間前に中退し、故郷の水戸に帰って単身、雑木林を開墾して農村共同体をつくる。聖書を読み、ラテン語で哲学書を読み、ピアニストである妹のピアノ伴奏で賛美歌を歌い、知的人間、文化的教養度の高い人間を目指す。まさに橘のその人生は、大正時代の理想主義を代表していた。

東京で刊行される月刊誌にも、「水戸の文化村」として紹介されるようになる。『婦人の国』（大正十四〈一九二五〉年七月号）という月刊誌には、この文化村の探訪記事が掲載されている。

「常陸《ひたち》の新しき村に、若き帰農の哲人を訪《おとな》ふ」と題しての記事の中で橘は、私たちの村は「凡《すべ》てを享け入れ、凡てを愛してゆくといふだけの心持なのですが、それと気持を同じうしてくれる人達の集りですから、それは十年（文化村建設から）の間には多少の感情の離反もなくはありませんでした」と言い、自分たちの村は「無我の共産的な気持」が必要だが、なかなかうまくいかないとの感情も洩らしている。

この村に移り住みたいという人も受け入れて、農業や畜産業などで生計を立てるという計画も進めているというのであった。

大正から昭和に入る頃、橘はしだいに日本の国策が農業を切り捨てていくのに我慢がならなくなった。自然に還《かえ》れ、それが日本人のあるべき姿だというわけである。

この地の青年たちや、橘に興味を持って東京から訪ねてくる知識人に、橘はあっさりと

「まだこの世はダーウィン主義的見方が支配している」と断じた。どういう意味ですか、と尋ねる者には次のように答えた（拙著『五・一五事件─橘孝三郎と愛郷塾の軌跡』草思社、後にちくま文庫）。

「ダーウィン主義的見方というのは、簡単にいうと農業国から商工業国に成る、それを進歩的と捉える見方のことだ。こんなことは水戸中学や水戸高校での先生なら、みんな口にする。だがそれは机上の学問だ。そういう学問から農村や農民のことはわかるわけがない」

右翼から極左にまで広がった支持者

するとそういうことは、学問をすることによって初めてわかるのではないかと問う水戸高校の学生がいる。橘は明快に答える。といっても今、私の手元にあるメモ帳ではそのあたりはノート二ページ分もある。この質問に橘は、学問とは何か、思想とは何か、そして人の能力とはどういうものか、と丁寧に答えていく。あえてそのエキスの部分を抽出すると、橘の言は「思想の支配性」という一語ですべてを語っていることが明らかになる。学問は思想に裏打ちされて、進歩の名のもとに現実から遊離していく、そのことを強調していることに気づくのだ。

「いいか、君。農村社会をつくるのは農民でなくてはならん。農民的方法によって農民のための農村社会を。その原点は何か。簡単だ。土に還ること、大地での労働、それしかない」

昭和三年、四年、農業恐慌の時代に橘のもとにはさまざまな人が訪れている。共産党系、アナーキスト系の人たち、労働組合の活動家、農民運動家、政治家、国家改造を目指す右派系の人たち、それに軍内にあって昭和維新に賭ける陸海軍の青年将校など、それこそ昭和初期の社会活動や思想運動の縮図が水戸郊外の文化村で見られることになった。橘には農村の理論家という見方がなされることになったのだ。

前述のように、私は昭和四十七年から四十八年にかけて、橘に単独で日に三時間ほど取材を続けたのだが、その折に橘とは、しだいに雑談の時間も持つようになった。月に一、二回、一年半も会ったのだから、当然といえば当然であった。ある時不意に、「君は恋愛結婚か」と尋ねられた。うなずくと、橘の眼光は急に温和になった。

「先生は恋愛だったのですか」と私が問うと、大要次のように答えた。

「私は恋愛結婚ではない。見合い結婚だ。なぜなら私のようなタイプは恋愛には向かない。恋愛すれば心中にまで一気に進んでしまうだろう。そのことを自分でも恐れていたということだ」

橘のこの言は、自らはひとつの目標を決めたら徹底して、その道を追求するとの意味であった。そういう性格を自分はよく知っていたよ、という意味でもあった。そのような言を聞いて、私はこの農本主義者が、昭和に入って時代と格闘していく姿を容易に想像することができた。

確かに橘は昭和史の中に、五・一五事件に参加した姿を刻まれることになったが、本来なら大正時代の人道主義者が昭和という時代にあってどのような煩悶《はんもん》のもとに文化村を充実させていったか、という形で刻まれるべきだったのである。

なぜ人道主義的手法を取らなかったか？

橘は、昭和四年十一月に自らの考えを実践するために愛郷会をつくり、その中に橘の思想を学びたいという青年を対象に、愛郷塾を発足させている。この愛郷会は、農村に初めての農本主義的団体をつくることになったのだが、そこには七つの活動目標が据えられた。

その（二）には、農民組合運動を起こし「協同組合を興す。市民消費組合と手を結び、資本主義克服の大道を歩む」とか、（六）には理想的共同体建設運動を目的とするとあり、そこには「兄弟主義（つまり）搾取なき社会をつくる愛郷会運動の最後の目的である」とも書かれていた。

このように見てくると橘は、経済システムは協同組合主義を目指していることがわかってくる。私が、なぜこの方向での人道主義的手法で協同組合運動を目指さなかったのか、と問うた時に、橘は「そうならなかったことが運命ということだろうな」と答えた。

くり返すことになるが、私は橘の人間的素養や知識、教養の深さに強い畏敬の念を持っている。それだけになぜ「五・一五事件に参加したのですか」と何度も問うことになった。

橘は、ベルクソンを読んできて質問せよ、とかロバート・オーウェンを土台に質問しろ、とか、はてはデカンショ（デカルト、カント、ショーペンハウエル）のどの書を読んだか、W・ジェームズの名を挙げて、その理解をもとに質問しろと私に命じた。その中で、海軍の軍人たちと接触し、昭和をマイナスの形で動かすようになった五・一五事件に加わった私の気持ちがわかるはずだ、というのであった。

正直に告白すれば、そのような思想家や哲学者の書を読んでも、私にはよくわからなかった。そのことを正直に告げると、橘は、海軍の国家改造運動を志向する士官（いずれも二十代から三十代初めだが）の説得を受け入れたのは、「彼らの目だよ。その目に曇りはなかったことだ」とあっさりと言ってのけた。

農業恐慌下で、軍人たちの説得に応じたのは、その目の純粋さにあったと言ったのである。

左右を超える農本主義者・権藤成卿

橘が国家改造運動陣営から接触を受けたのは、群馬県出身の僧侶で国家主義者の井上日《にっ》召《しょう》が愛郷会を訪ねてきて、国家改造運動の現状を伝え、その運動に加わらないか、と誘われた時からであった。

この頃の橘の動きを調べてみると、やはり茨城県選出の民政党代議士、風見章（信濃毎日新聞の論説委員出身。近衛内閣の書記官長）からも接触を受けている。風見は橘の知性に敬意を表していた。しかも農業恐慌のもと、愛郷会が行う農業、酪農もまた赤字になっている。この頃の日本の農村の窮状と同様に借金経営に陥っていた。風見はそういう橘に、資金的援助の手がかりを伝えるが、橘は「自分一人を救ってもらってもどうにもなりません。私は借金ある農民として、他の農民と同様に現実に向きあいたいのです」と拒んでいる。

風見は、橘を共産主義者まがいに見る県の内務部長や学務課に、そうではないと伝えて誤解を解くように奔走している。

一方で日召の側からの誘いに応じて、愛郷会に海軍の革新派士官たちが訪れることになる。藤井斉《ひとし》や古賀清志《せいし》、中村義雄らであったという。彼らは、国家改造運動は農村救済が目的でもあると言って、橘にわれわれの運動に理解を示してほしいと説得したというのである。

結局、橘は海軍士官の説得に応じて、少しずつ彼らの考えに応じていく。そういう流れの中で、橘は昭和六年八月に東京に赴き、代々木上原にある権藤成卿《ごんどうせいきょう》宅を訪れて、権藤に

権藤成卿

会っている。

昭和史にいささかでも関心を持った者は、権藤成卿という人物をどのように理解するか、とまどうはずだ。権藤は、民間の漢学者であり、農本主義者でもある。彼は大化改新を評価し、この時を社稷《しゃしょく》（農業主義的な村落共同体）自治の確立と見る。天皇制をまったく独自の立場から説く権藤は、明治政府からの近代をプロシアの絶対主義論の焼き直しだと強く批判する。不思議なことに権藤は、俗にいう右翼陣営からもアナーキズム系の極左陣営からも、農村を自然発生的と見て国家権力の及ばない空間として評価している、ということから師として仰がれている存在だった。

橘は農本主義者として、権藤の理論にさほどの関心は持たなかったが、しかし「あの人は『権藤学』という学説を持った学者だと思った。農民を大切にする農本主義者なんだとわかって嬉しかったね」と話していた。

北一輝の理論は日本社会に合わない

橘は海軍の士官の訪問を受けて、陸軍の青年将校は北一輝の『日本改造法案大綱』の影響を受けていることを知った。対して海軍の士官たちは、その影響を受けていない。むしろ北一輝には批判的というより、距離を置いている。橘はその事情がわかると、自らの農本主義理論を教えるとともに、北一輝の考え方が国家改造運動には適さない、むしろこの理論は、日本社会には危険なのだということを説いたと言うのであった。

昭和四十八年の初めであったろうか、私は橘の書斎で、北一輝の理論がどのように日本社会に合わないのかを聞かされた。五・一五事件からは四十年余の時間が経っていた。

これは私の推測として言うのだが、橘は五・一五事件に参加したとはいえ、その参加は本筋からの参加とはいえず、自らの心情を表明する程度にとどめていた。橘は、海軍の青年士官がそのような行動を起こすというなら、北の思想であってはいけないと考えていて、それを証明するための「農民有志」だったということになるのであろう。

「北の理論は社会主義につながっていると思う」と前置きして、天皇を前面に出すとはいえ、その役割は天皇制社会主義につながると言うのであった。このころの橘は共産党に対して強い批判を持っているのだが、その核心は、農業恐慌を「地主対小作」の対立図式で見て、その間の闘争によって解決しようとするその理論にあった。農村の疲弊を解決するには「地主対小作」ではなく、「都市対農村」の図式を土台に据えなければならないと橘は考えていた。都市が農村を収奪する、農村内部の対立はその次の段階であると言い、北の理論には農村から見ての救済の手段はないと断定した。

むろん橘は北の理論を詳細に批判していったが、私はそれを聞いて、北や大川周明、それに権藤成卿や橘孝三郎など昭和初期の国家改造運動の指導者たちの間には決して小さくない対立があることを知った。

橘は五・一五事件が起こる二ヵ月ほど前に、海軍の古賀清志らから、自分たちの企図している行動に参加してもらいたい、と説得を受けている。橘の言によれば、「われわれの指導者は大川や北ではない。まして権藤先生でもない。先生（橘）だけがわれわれの指導者だ」と直截な説得を受けたという。

そのような橘の細かい描写的な話を聞きながら、私は昭和初期の時代様相を思った。すでに私の世代にはこのときの歴史は「結果」として答えが出ている。しかし歴史の内部にはさまざまな矛盾や葛藤のヒダが伏在していることを、私は橘を通じて知らされたのである。

同時に、その結果がわかっているという言い方でいえば北、大川、橘などの国家改造運動のイデオローグたちは、国家権力からどのような仕打ちを受けたかもわかっていた。思想を持った「右翼指導者」は国家から、思想を持つがゆえに罰せられるという構図が浮かんでくるのである。

変電所を止める「帝都暗黒」計画

五・一五事件は、昭和前期のファシズム体制の幕開けとなった事件でもある。この事件を機に、日本社会は窮屈な時代へと移っていき、軍事主導体制への道を進んでいくことになる。それゆえに事件の決行者は一様にファシストとして歴史に名を刻むことになった。

五・一五事件では、海軍内部の国家改造運動に挺身《ていしん》している士官グループとその誘いに応じた陸軍士官学校の候補生が直接行動を起こし、首相官邸を襲い、犬養毅首相を殺害している。橘孝三郎と愛郷塾の塾生は、こうした行動とは別に東京郊外の東京変電所などを襲い、変電所の機能を止めて「帝都暗黒」を企図する行動に出た。

なぜ変電所を襲撃したのか。私のこの質問に、橘はあっさりと答えた。

「電気を消すのだ。東京の電気を消すことで、一晩東京市民にじっくりと考えてもらう。農村の農民たちはいかに疲弊の中に置かれているのか、そのあたりのことを考えてもらうためだ」

私がこの質問を発したのは昭和四十八年に入った頃で、すでに事件から四十年余が過ぎている。橘の周辺にいて、この事件に加わることに決めていった塾生たち、そこには教員や農村青年、それに旧制水戸中学を卒業したばかりの青年などが含まれていたのだが、実は私は彼らからも取材を進めていて、「帝都暗黒」の計画が練られていったプロセスを確かめていた。

橘の言う「東京の電気を消して、わしら農民の置かれている状態を考えさせよう」を、彼らの誰もが納得した。

こうした塾生の一人の証言によると、橘がこの計画を海軍の士官に伝えた時、その士官は「なるほどなあ」とくり返しつぶやいたと証言する。奇抜ではあるが、政治の腐敗を考えさせるのにふさわしいと納得したというのである。

五・一五事件に加わった橘孝三郎は、大正時代の人道主義者、理想主義者としての素顔を持ち、さらにはトルストイの生き方を範としつつ、ロバート・オーウェンの説に共鳴して理想郷づくりに励み、聖書を読み、哲学書に触れる感性や知性の持ち主だった。そういう自分をどのような形で表現するのかを考え続けたのであろう。

直接行動で首相官邸を襲うといった計画に、橘や塾生が参加する論理的な根拠はない。逡巡《しゅんじゅん》の果てに、「帝都暗黒」の計画が練られていったようだった。

「日本の進む方向は間違っている」

これは橘からの直話ではないが、変電所を襲う計画には五人の塾生が選ばれたという。その一人は、海軍の直接行動は「破壊」に結びつくが、われわれは「建設」の側を担うと聞かされ、変電所襲撃への参加の意思を固めた。そしてためらいなく、「参加します」と答えたという。橘は、彼らに次のような言を発している。当時の彼らの残した文書からの引用である。

「今、日本の進む方向は間違っている。農本という源流に返らなければならないのに、時代はそうではない。わしらの愛郷会運動を土台にすべきだ。日本再建の農本運動は新しい日本を生むだけでなく、共産運動とファッショ運動にとって代わる日が遠くないと自覚すべきときだ」

少なくとも橘は、農業恐慌、農村の疲弊、経済不況、失業者の増大、それなのに政治は汚職と権力闘争に明け暮れる、という時代背景に強い怨嗟《えんさ》の情を持ったことは事実である。橘周辺の知識人や農村青年もそれを共通の理由としていたことは間違いない。

しかし、橘を支援していた政治家、知識人、それに学者などは、こうした直接行動に加わっていく道筋をまったく想定していなかった節もある。

「橘さんが事件に連座していると知った時、なにかの間違いではないかと思った」

これは当時、茨城県の県庁農政課にいた職員の証言（昭和四十八年二月）だが、その驚きは県内だけでなく、やや大仰になるにせよ、日本国内に衝撃を与えた。つまり理想主義はなぜ敗れたのか、といった心理でもあった。

事件前、橘は満州国資政局から誘いを受けていた。満州であなたの農本主義を実践してみないか、年俸は六千円（当時の知事の年俸は三千六百円だから破格の給与）というのだ。橘は即座に断っている。満蒙の地を資本家の独占に委《ゆだ》ねず、日中の農民のために尽くしたいが……それよりはまず日本の農民解放運動が先決だというのであった。

当時の記録文書によると、橘はこの申し出を巧みに利用し、自らは愛郷会運動を充実させるために満州国視察に出かけることにしている。満州視察はむろん五・一五事件発生時にひとまず身を隠しておくためだったのだが、出立前に東京で代議士となっている風見章に会っている。

計画をまったく知らない風見は、橘の縁で自治農民協議会の請願（農民救済の財政的処置の要望）を議会に取り継ぐことを約束し、そして満州国に向かう橘を激励し、満州国の官僚への紹介状を書いている。

「理想主義」が崩壊していく道筋

橘の周辺にいる人物は、東京市内の発電所や変電所を調べあげている。発電所は大規模であり、送電線が鬼怒川発電所から来ているのでとうてい破壊するなど無理、変電所は十四あり、とくに田端、新宿、目黒などが目標だといい、その構造が塾生に説明されている。

こうしたことは当時の史料や記録文書によって明らかになるのだが、私は橘と会ってこのような話を具体的に確かめつつ、そのプロセスは「人道主義」や「理想主義」が崩壊していく道筋だとの印象も持った。

橘自身は、こうした計画についてはほとんど忘れていたが、それでも、「帝都暗黒」という一事がどれだけの効果を生むかはさほどの自信がなかったように思えた。これは私の印象なのだが、もしこの計画が円滑に進むならば、橘は満州に赴くことはせずに、東京にとどまって様子を見るのではないかと思ったのである。

昭和七年五月十五日、いわゆる五・一五事件は決行された。この事件の内実については詳述しない。

計画案どおり、海軍士官と陸軍士官候補生による首相官邸襲撃によって、犬養首相は暗殺されている。この年の二月、三月に井上日召の指導する血盟団により、前蔵相の井上準之助、三井財閥総帥の団琢磨が暗殺されたが、それに続いての血なまぐさい事件であった。

五・一五事件については拙著『五・一五事件―橘孝三郎と愛郷塾の軌跡』にも書いたが、いわばファシズムへの「三段跳び」であった。ホップ・ステップ・ジャンプの三段跳びである。ホップというのは決行者、ステップは当時の軍部権力と政治家たちのせめぎ合いを指し、ジャンプはこの事件の裁判で奇妙な形をつくっていった世論である。つまり世論の質と量によって三段跳びの距離は、大きく伸びることになったが、五・一五事件はまさに歪んだ世論に支えられて、ファシズムの導火線の役を果たしたのである。

事件によって、犬養首相は殺害され、首相の座は空白になる。それまでは議会での多数党の代表者が首相になる慣例があり、議会政治は維持されていた。しかし軍部は元老西園寺公望《きんもち》を脅し、議会政治ではなく、軍部の意向を代弁する政権をと要求している。そのために海軍出身で朝鮮総督も務め、すでに現役を退いている七十四歳の斎藤実《まこと》に白羽の矢を立て、首相に推している。

昭和天皇は西園寺に対して、「ファッショニ近キ者ハ絶対ニ不可ナリ」などの条件を示していたが、さしあたり斎藤には諒解を与えている。

倒錯した世論が五・一五事件を支持

前述のステップとは、こうした政治闘争を指すのだが、この時に議会政治は終わり、軍部の意向が前面に出てくる段階へと進んでいる。私は、橘たちのロマンチスト的国家改造は、政治的駆け引きの場で利用され、より計算高い政治勢力を巧妙に利することになったと思う。

そしてジャンプである。五・一五事件についてはその詳細を報じることが禁止されていた。しかし一年後の昭和八年五月十七日に記事解禁となり、司法省は陸軍省、海軍省などとの連名で、「五・一五事件の全貌」を発表した。いわばこの全貌（二万字に及ぶ）は、予審判事が一年間にわたり各被告を調べたうえでの報告ともいえたが、その中には「（帝国行き詰まりの）根元は政党、財閥及び特権階級互に結託し、只私利私欲にのみ没頭し、国利民福を思はず腐敗堕落したるに依《よ》るものなりとなし、その根元を剪除《せんじょ》して以《もっ》て国家の革新を遂げ真の日本を建設せざるべからずと謂《い》ふに在り」との一節もあり、ジャンプの段階の「行為は悪いが動機は正しい」の世論の伏線になっている。

陸軍側も海軍側も、七月二十四日、二十五日から一般裁判が始まった。するととんでもないことが起こった。裁判長は被告たちに自由に陳述させる。軍関係の被告たちは、自分たちは名も命も求めない、日本改造の捨て石になるために行動を起こしたと一斉に涙ながらに証言する。陸軍士官候補生の一人は、二ヵ月後の卒業時には恩賜の時計がもらえるほど優秀だったが、西郷隆盛の「名もいらず命もいらず官位も金もいらぬ人間ほど始末に困るものはない」の遺訓に打たれて参加し、非常時日本にはこういう始末に困る人間が必要だと叫んだ。

法廷の陳述に触れて裁判長は泣き、弁護人も泣いた。法廷の様子を伝える新聞記者も、「私は涙なしでは原稿は書けない」といった記事を書く。

全国から百万通を超える減刑嘆願書が法廷に届き、なかには指を詰めてホルマリン漬けにして法廷に送ってくる者もあった。雑誌の中には、こういう国士たちはどういう家庭のもとで育ったのか、とまさに日本人の模範的家庭であるかのような記事を掲載する雑誌もあった。

ジャンプとはこのような、「一億総ナミダ」、そして行きつく先は「動機が正しければ何をやってもいい」という動機至純論であった。昭和八年からの日本社会の価値観はまったく倒錯した状態になったのである。

近代日本の偽善と闘った知識人

陸軍側の判決は一律禁錮四年、海軍側は「罪は重いが憂国の至誠は諒とする」として首謀者二人に十五年、そのほかの者は十年から十三年、なかには禁錮一年で執行猶予二年という者もあった。

これに対して民間側、つまり橘と愛郷塾のメンバーの裁判は、軍人側の法廷と異なって国家の「涙の演出」はなかった。昭和八年九月二十六日から始まり、橘は法廷で農民の生活がいかに悲惨かを語り、泣いた。法廷でも泣く者が多かった。しかし新聞の扱いは小さかった。建設的な意見についても橘は弁舌をふるっている。そして昭和九年二月三日に判決が言いわたされた。

橋は無期懲役であった。「なんとか命はいただいたなあ」とつぶやいたと、橋はこの時の記憶を語っている。

決行者たちは一律懲役七年であった。民間側には大川周明（思想的影響を与えたという理由）も起訴されているが、懲役十五年であった。

裁判を終えたあと、橋は弁護士に向けて「国家の中には二つも三つも意思があるのかもしれない。自分に与えられた無期の判決は、青年将校たちの身代わりになり得たことと思われるのは光栄である」と語っている。このあと橋がこれまで執筆してきた各種の本が一斉に刊行されるという現象を生んだ。水戸の愛郷塾には密かに有力者が訪れて激励していったという。皇族で陸軍大将の東久邇宮稔彦《ひがしくにのみやなるひこ》の訪問は有名であった。

昭和十五年十月に、皇紀二千六百年の大詔渙発《かんぱつ》による恩赦で仮釈放が決まり、橋は水戸郊外の文化村に戻った。すでに塾生たちは保釈となっていた。

橋のこうした人生の軌跡を私は確かめつつ、昭和四十八年秋ごろまでに、橋の一生を私なりの目で書き上げた。私は橋を右翼とかテロリストとかとは思っていない。近代日本の偽善や建前と真正面から闘った知識人であり、その言辞は相応に、骨格がしっかりと確立されていた。

ほぼ取材を終えて橘宅を去る折に、「君、幾つだったかな」と問われ、三十四歳と答えた時、橘は「若いなあ。でもすぐに老いるぞ」と言われた。

橘は昭和四十九年三月三十日に八十一歳で逝った。私はその死の十ヵ月ほど前までは会っていたのである。拙著をまとめて書にしたのは昭和四十九年一月であった。死の二ヵ月前、とにかく間にあった、と実感したことが今も私の喜びである。私の本を読む時間はなかっただろうが、しかしともかく橘の生の時間と共存し得たのである。

第四章

野村吉三郎は「真珠湾騙し討ち」の犯人だったのか

真珠湾の「騙し討ち」の汚名

野村吉三郎が駐米大使として、ワシントンの日本大使館に赴任したのは昭和十六（一九四一）年一月のことである。第二次近衛内閣は日中戦争解決のためにアメリカには大物の知米派を送る必要があった。そこで野村に白羽の矢が立った。野村は海軍出身の国際派であり、いくつかの国際会議に出席していて、国際的な条約にも通じていた。

昭和十四年の阿部信行内閣では外務大臣を務めていた。それが買われたのでもある。野村が赴任してまもなく、日米交渉が始まった。この交渉はすでに知られているように、日中戦争が泥沼状態になり、日本としてはその原因がアメリカやイギリスの中国支援にあるとして、なんとかその援助を断ち切らせたいとの思惑があった。

一方でアメリカはヨーロッパ戦線にイギリス、フランスなどの支援に向けて参戦したいとの計算があった。その理由として、日本に先に手を出させ、自動的に日本の同盟国であるドイツを敵とする戦略を持っていた。

野村はその難しい交渉を、アメリカの国務長官のコーデル・ハルと続けなければならなかった。結果的にそれは昭和十六年四月から十一月の終わりの、いわゆるハルノートが提出されるまでの八ヵ月間、続いていくことになる。そして日本軍による真珠湾攻撃へと至るのだ。歴史的には外交断絶の通告が攻撃時よりもはるかに遅れて、日本は通告なしの先制攻撃を行ったことになった。

いわば日本は、「トレチャラス・アタック（騙し討ち）」として歴史的には謗《そし》られることになった。今も折に触れてこの言葉はアメリカ側から用いられることがある。〝ダーティー・ジャップ〟と言われたりもする。そのたびに私たちは肩をすぼめなければならないのだ。

野村はその代表、あるいは象徴になっている。むろん野村個人には責任があるわけではないのだが、その汚名はついて回る。そこに野村自身の不幸があると言えるのではないかと思う。奇妙な言い方になるが、同情したくなるというものだ。

この騙し討ちという形になった経緯を、私は開戦から五十年を経た平成三（一九九一）年に改めて詳細に調べてみた。

その時に、あまりにもその内実が一般に知られていないことに、私は愕然《がくぜん》とした。どうしてこれほどの事実が一般に知られていないのであろう。知られていないというのは、教訓化されていないということでもあった。歴史の真実が明かされないままに、このことが放置されているのは、この国の歴史理解が表面的になってしまうということである。これは憂うべき現実である。

電報遅延の内幕を徹底調査

私は取り立てて野村を弁護しようというのではない。しかし史実の不透明な部分は、やはり整理しておかなければならないと思う。私は平成三年に、『文藝春秋』十二月号で、「『真珠湾』を日本叩きの原点にしたのは誰だ―外務省50年の過失と怠慢」という稿を書いた。その折に取材スタッフと共に徹底的に電報遅延の内幕を調べた。その時のエピソードやその後の調査でわかったことを紹介していきたい。

野村は確かに国際派の海軍軍人、そして外交官であったが、英語力はそれほど強い方ではなかった。大使として、その不安をカバーする必要があった。ところが野村と在米大使館の外交官とはそれほど心を許した関係ではなかった。というのは、この頃外務大臣に座った松岡洋右《ようすけ》は外務省側の人事を無視して、駐米大使に野村、駐ソ大使には陸軍の建川美次《よしつぐ》を、駐独大使には大島浩を据えるなど異例の軍人人事を敢行した。

当然ながら出先の外交官たちの中には、非協力の者がいても不思議ではなかった。アメリカの日本大使館もその例に洩れないというのが現実であった。むろんこんなことは公にされることはないが、しかし当時のある大使館員は遠回しにそれを認めた上で、管内の地図を詳細に描き、野村さんはいつも館員が詰める本館とは別の公邸にいて、めったに本館に来ることはなかったともいうのである。

野村は英語力をカバーするといった面もあるだろうが、事務的な役割を果たしてもらうために私設秘書を雇った。それが煙石《えんせき》学である。昭和十六年当時二十五歳である。ロスアンゼルス・シティ・カレッジを卒業した二世であった。

煙石に、私が会ったのは平成三年に三回ほどであった。当時の館内の様子を確かめた。五十年も前のことをどうして今頃それほど調べるのかと煙石は訝《いぶか》っていたが、それでも私の質問には丁寧に答えてくれた。その答えはこれまで一般に知られていない事実が多く、私は改めて関係者に話を聞くことの重要性を確かめることになった。

たとえば、アメリカ側への通告の遅れは大使館内での暗号解読、タイプ打ちの時間が必要以上に延びたからである。国交断絶の通告に関しては、日頃のタイプを打つ者とは異なり、一等書記官でなければならないと本省は命じていた。担当の書記官・奥村勝蔵はあまりタイプは巧みではない。しかし、他の一等書記官も館員もタイプは打てない。いずれも雨だれ式に打つだけである。

そのことを煙石に確かめている折に、次のようなやりとりをした。

情報機関の一員ではないか

「奥村さんはタイプが上手ではないというなら、みんなが手伝えばいいと思うのですが」

「大事な電報だから、奥村さん以外は打つなということでしょう。でもそんなことを言っていたら、国務省に届けるのが遅れるでしょう。私も手伝いましたよ。とにかく午後一時のアポイントメントを破るわけにはいきませんからね」

「午後一時のアポイントメントは誰が国務省に電話するんですか」

「私です。野村さんの秘書ですからいつもそうです。あの日、一九四一年十二月七日は日曜日でしたが、国務省に野村さんとハル長官の約束の時間を本省の指示通り午後一時にしたんです。それが無理なのでまた電話して、一時間ほど延ばしてもらったわけです」

煙石が正直に話したのは、もう五十年もたったのだからという理由と、自らが仕えた野村の名誉を守りたいと考えていたからだった。私は野村に対する煙石の信頼が、断交通告の汚名を浴びさせてはいけないという思いに結びついていることが理解できた。煙石は、その生涯を野村に仕えたようでもあった。

もう一つ、私が興味を持ったのは日本大使館では普通は誰がタイプを打っていたのかということである。そのことを確かめると、煙石はこの点でも意外なことを教えてくれた。彼は次のように言ったのである。

「アメリカの人材派遣会社から送られて来る三人のタイピストですよ。女性が二人、男性が一人でしたね。いずれもアメリカ人ですよ。確か、男性はウィルソン、女性はミセス・

スミスと、もう一人は……。名前は忘れたなあ」

いずれもアメリカ人だったという。なぜ三人を雇っていたかというと、日本とアメリカの間には、それぞれの大使館内では互いに、同数の職員を雇うといった取り決めがあったそうなのである。日本側は、アメリカの駐日大使館に、タイプなどは誰でも打てるので、調理人など料理関係にそれだけの人数を送りこんでいたというのが真相のようであった。

煙石の証言の中で、私が興味を持ったのは三人のタイピストがいて、それがいずれもアメリカ人であることだった。しかも人材派遣会社から送られてきたという証言である。

そんなことが当時、国の内外で問題にならなかったのだろうか。

私なりに考えれば、これはアメリカの情報機関の一員ではないかと思える。しかしそのようなことが語られて来なかったのは、そんなことは常識なのか、それとも知られていなかったためか、それはわからない。こうしたエピソードを聞いて、私は史実の裏側にある微妙な動きが現実をどれほど動かしたのかということに、ますます興味が湧いてくるのであった。

暗号はすべて解読されていた

ここで、あるこだわりを示しておけば、八ヵ月間の日米交渉の間、アメリカの情報機関は、ワシントンの日本大使館と東京の外務省との間で行う暗号の電文は全て解読していた。

これは「マジック」という秘密名で語られていたのである。アメリカ政府の要人八人にだけ回されていて、日本政府の手の内を読んでいたのだ。たとえば十一月半ばになり、日米交渉は進展を示さず、険悪な方向に向かっていることが明らかになっていく。

そのころ東京の外務省は野村宛に次のような電報を送った。長くなるが引用しておこう。

「非常事態（わが外交関係断絶の危険）における国際通信の杜絶《とぜつ》の場合には、つぎの警報が毎日の日本語の短波ニュース放送のなかに加えられる。
（一）日米関係が危険になった場合——東の風雨。
（二）日ソ関係が危険になった場合——北の風曇。
（三）日英関係が危険になった場合——西の風晴。
この警報は、天気予報として放送の中間と最後に加えられ、二回繰返えす。この警報を聞いたならば、すべての暗号書などを処分する。これは、いまのところ、完全に秘密にしておかれたし。以上は至急通信である」

これはアメリカ側が解読した電文である。『現代史資料　太平洋戦争（１）』（みすず書房）からの引用になるが、ここまで手の内を読まれているのだから、もうこれは話にならない。野村が本省からの内容を伝えようとハルと向き合っても、ハルはこういう内容を言うのであろうなとすでに知っているのである。

野村はまさにピエロのような役割を演じさせられていたのだ。

さらに昭和十六年十一月二十六日の本省から野村宛の電報も紹介しておこう。

「情勢はさらに刻々と緊迫の度を加えつつありて、電報は時間がかかりすぎる。そこで、交渉に関する貴方の電文を最小限度に切りつめ、適宜山本〔熊一〕アメリカ局長を電話に呼び出し、貴方の報告を伝えられたし。そのさい、われわれはつぎの隠語を使用する。

三国条約問題（隠語でニューヨーク）、無差別待遇問題（シカゴ）、支那問題（サンフランシスコ）、総理（伊藤君）、外務大臣（伊達君）、陸軍（徳川君）、海軍（前田君）、日米交渉（縁談）、大統領（君子さん）、ハル（梅子さん）、国内情勢（商売）、譲歩する（山を売る）、譲歩せず（山を売れぬ）、形勢急転する（子供が生れた）」

こんな隠語で話をしても、筒抜けというのは何としてもおかしい。真面目に「伊藤君も徳川君も山を売れぬというし、今は前田君もそういうんだよ」などと言ったり、あるいは野村は「ニューヨークやシカゴで山を売ることはできないだろうか」

コーデル・ハル

などというやりとりを、秘密が保持されていると思って安心していても、ルーズベルトやハルはその意味を解読する文書に目を通していたのである。

あえて付け加えておけば、十一月には東京では内々には交渉決裂、戦争選択の方針が固まっていて、その方向で動いていた。連合艦隊はすでに択捉《えとろふ》の単冠湾《ひとかっぷ》からハワイに向けて進んでいた。交渉が妥結すれば戻ることになっていたが、開戦への勢いは高まっていたのだ。

野村は青年士官時代に、ワシントンで駐在武官を務めていた。大正時代である。第一次世界大戦の後はパリでの講和会議、ワシントン会議などにも随員として加わっている。そういう関係もあって、ルーズベルトやルーズベルトの選挙参謀を務めるウォーカー郵政長官とは親しい関係だった。ウォーカーは、「マジック」を見てはいないだろうが、ルーズベルトからは、東京は戦争をする気になっているのに、野村はピエロの役割を演じさせられていると聞いたらしい。

この年の十一月の半ば頃だと思うが、国務省に赴いた野村と会ったウォーカーは、

「友人としての忠告だが、君はいいように東京に振り回されているようだ」

と伝えたというのだ。野村はある電報の中にこのことをさりげなく書いている。野村としては、もし事実なら不満だと言いたかったのであろう。

「君はピエロの役割を果たしている」

野村がこの忠告を本省への報告の中に書き込んだのは、私は忠実に職務に励んでいるのに、それを裏切ることなどないだろうねと言いたかったのではないだろうか。その確認のために打った電文は、本来ならアメリカ側に電文解読されているとの証拠になるはずだった。しかしそうはならなかった。そのことに私は触れておきたい。

野村が本省に送る電信での報告書は、外務省の米国課に送られるのだが、同時にこの電文は陸軍省、海軍省の軍務局軍務課の対米交渉を担当している軍官僚にも回される。陸軍は石井秋穂中佐であり、海軍は藤井茂中佐であった。私はこの石井を軸にして陸軍から見た日米交渉の顚末を書いたことがある（『陸軍省軍務局と日米開戦』中公文庫）。

私は、石井とは昭和五十年代に何度も会い、当時のメモも見せてもらい、そしてひとつずつ事実を確認し、そしてこの作品を書き上げた。その時に石井は、野村が送ってくる電文の中に奇妙な内容があることに気づいた。

野村はルーズベルトと親しいがゆえに、ハルからも信頼を受けているようであった。ときどきルーズベルトとも会っているようであり、それはそれで日米関係を円滑にするためには悪いことではなかった。しかしそういう付き合いの中で、ふと交渉についての個人的会話に入ることはないか、石井は不安であった。ここに書かれていない内容はないかと読み抜こうとする習性を身につけるようになっていった。

そんな折、十一月(昭和十六年)のある時の電文の中に、野村が郵政長官のウォーカーから、君は日本政府のピエロの役割を果たしているようだね、と言われたことがさりげなく入っていたのだ。石井の目はそこに釘づけになった。

もともと情報分析では他の誰にも負けないとの自負がある。日中戦争下で情報将校として国民党軍の軍事情報の解析ではいくつかの武勲を立てている。石井は直観的に、「これは日本の暗号が解読されている」と疑った。なぜウォーカーはそんなことを言うのだろう、何か根拠があるはずだ、とすればそれは電文が解読されている以外には考えられないではないか。石井は自分の判断に誤りはないと確信した。反射的に立ち上がり、外務省の米国課の加瀬俊一《としかず》課長に会って電文が解読されていないか、注文をつけようと考えた。

しかし石井は歩を止め、自席に戻った。もし自分がそういうクレームをつけたなら、外務省側はまた陸軍が口をはさんできたとあれこれ言い立てるに違いない、と思うと憂鬱《ゆううつ》になった。

そもそも外務省は暗号には神経質な役所なのだ、と自分に言い聞かせ、石井は席に座った。付け加えておけば、戦後アメリカ側から取り寄せた資料によって、自分が考えた以上に解読されていたとは思わなかったと、石井は述懐していた。

日本大使館は中心軸を欠いた空間

野村は結果的にまさに囮《おとり》のような役を担わされていたのだ。心中でどれほどの屈辱を感じていたかは容易に想像できる。

野村の個人秘書というべき煙石学は大使館の内部の人間関係は詳細には知らされていなかった。野村のそばにいて命じられる業務を処理する役目であった。その立場から言えばすべては「野村にとって孤立した状況」だったと言うのである。

私が日頃は大使館のタイプを打つ三人のアメリカ人はどういう人たちだったのかを尋ねると、煙石は「ごく普通のタイピストだったよ」と答える。アメリカの情報機関から送られていたのではないか、と尋ねると、「そうかもしれないが、そんなことを気にすることはあまりなかったね」とも答えるのであった。

しかしよく聞いてみると、ウィルソンと名乗った男性タイピストは、十一月二十七日に日本側がハルノートを受け取った直後に退職したという。何か腑に落ちない出来事がやはり多すぎるようにも思えた。こうした事実をひとつひとつ丁寧に検証していくと、当時のアメリカの日本大使館は中心軸を欠いた統一の取れていない空間のようにも思えるのであった。電報遅延問題はこういった緩みの中から生まれたようにも推測できた。

野村をサポートするために、十一月の半ばに東京から来栖《くるす》三郎が送られてきた。野村は本来外交官ではないために外交実務には疎いと判断されて本職の外交官が特命大使としてワシントンにやってきたのだ。しかしこの人事は、極めて無神経な人事であった。なぜなら来栖は、前年九月のベルリンでの日独伊による三国同盟調印式に日本を代表して出席し、署名しているからである。アメリカがもっとも嫌うタイプであった。

実際に来栖が着任するという報に、アメリカのメディアの中には、「Don't Kurusu me」という見出しをつけた新聞もあったという。私たちを騙《だま》さないで、との意味であった。

この一件は対米交渉が最終段階にきていることを物語っていた。「マジック」によって日本の対米交渉の内容について、ルーズベルトもハルもすでに大まかな方針をつかんでいる。

彼らから見ると、野村は体良《ていよ》く日本政府に使われているというのがよくわかったのであろう。これは当時の駐米日本大使館の職員からの証言になるのだが、アメリカ側の態度は野村に対しては同情的であるにせよ、来栖には冷淡な態度をとっていた節があるというのである。野村の個人秘書の煙石は、毎回国務省のスタッフと連絡をとるのだが不愉快な思いはしたことはなかったと証言しているほどである。

「友人間に最後の言葉はない」

野村にはこの頃に日記とまでは言わないにしても、備忘録のようなメモはつけていた。それはのちに、『米国に使して―日米交渉の回顧』（岩波書店）という書にまとめられている。これは昭和二十一年に刊行されている。ただし煙石の証言によるのだが、アメリカの東京裁判判事団が無警告の真珠湾攻撃を法廷で問題にするので、日記などの資料、文書を提出してほしいと野村に強い要請があったという。野村は最初は渋ったが、執拗な要請に折れて受け入れた。ところがすぐに返すという条件にもかかわらず、なかなか戻ってこない。そのあげく返ってはきたが、一部は東京裁判用に参考にするというので削り取られたページもあったという。野村のこの証言は、『米国に使して』という書を参考にする時には配慮が必要だとの事実を指摘している。

それを前提に指摘することになるのだが、野村はこの書の中で、日米交渉が失敗して太平洋戦争に行き着くまでに、ルーズベルト大統領とは十回ほど、ハル国務長官とは六十回ほど会ったと書いている。いずれも打ち解けていたと証言している。ルーズベルトとハルとはまさに似合いのコンビであった。野村は彼らとの友情や親交によって精神的にも満足感があったことを隠していない。二人とも働き者で、特にハルは日曜日も国務省に出てきて働いていた。社交界などには顔を出さないともいうのだ。

野村は交渉が決裂していく時に、「友人間に最後の言葉はない」とくり返し、釈明を求めるが相手にされない。戦争への道筋などまったく想定していなかった野村にとって、情勢は不穏な方向に向かっているにせよ、「昭和十六年十二月八日（ワシントン時間は七日）」に日本が不意討ちするなどはまったく考えていなかったのである。

野村の「最後の言葉はない」との意味は、野村の苦衷《くちゅう》が日本側に伝えたメッセージとも解釈できるし、その苦しみは想像する以外にないといえる。

さてそのような状況をすべて含んで、日本側の断交通告（それは自動的に開戦通告になるのだが）の遅れはどのようにして起こったのか、その確認が必要になる。そのことを整理しておくことにしたい。

日本側の断交通告、そして開戦を告げる連絡は、簡略するならば次のようにいうことができた。これは『太平洋戦争への道　開戦外交史7　日米開戦』（日本国際政治学会太平洋戦争原因研究部編著）の中の「日本の対米開戦」（角田順）からの引用である。

「（午後）一時手交指定の東郷発九〇七号（保阪注・断交通告を手渡す時間の指定の電文）は（午前）十一時に解読を終り直ちに電話をもってハルと（午後）一時会見の約束を取りつけたが、かような状況のため零時半には会見を一時四十五分まで延期するよう申入れざるをえなくなり、実際に野村、来栖が国務省に到達したのは（午後）二時五分、控室で待たされた後ハルに会見したのは二時二十分となった。（以下略）」

通告遅延にひそむ日本社会の問題

この手渡す前、そして手渡した後、二つの局面で歴史的というべき問題があった。手渡す前の出来事が大使館の怠慢として騒がれているのであった。その点をもう少し説明すると、日本の外務省は開戦と決定したために、断交通告の文書を作成する。第一通から第十三通まであるので、六日の午後八時半から七日の午後四時までの間に分割して送っている。そのうえで本省は、「申すまでもなき事ながら本件覚書を準備するに当りては『タイピスト』等は絶対に使用せざるよう」と訓令していた。アメリカ人タイピストの使用を禁じる、この注意書きが遅延の伏線である。

本省は確かに開戦が決定したとは伝えていない。しかし電文は日頃と異なって事態が切迫していることを教えている。第十三通までを早くに解読し、そしてタイプで打つようにせよと命じている。こうした長文の電文と七日の午後五時半に東京から発せられた覚書と手渡しの時間指定の電文は、ワシントンの日本大使館に日本時間に直すと、午後六時半には着いている。つまり日本大使館自体で電文を外交文書に作り変えるには八時間ほどの時間の余裕があった。

しかし結果的にアメリカ側に手渡したのは指定時間から一時間余も遅れていたことにな

る。そこに〝ダーティー・ジャップ〟と言われる不始末が生まれたわけである。この汚名はこれまで記してきたように、駐米大使の野村吉三郎が負うことになった。

野村にとってこれほど不愉快なことはなかろうと思う。歴史上にその名は汚《けが》されたままで語り継がれるのだ。さはさりながら通告遅延の内実を探ってみると、野村のせいにするには可哀想すぎる。そこにひそんでいる日本社会の問題を見つめなければならない。それを見つめるひとつの立場が野村の個人秘書の煙石学であった。

くり返すことになるが、煙石の名は歴史書の中にはまったく出てこない。つまり知られていないのだ。だからハルとの面会時間を約束したり、その遅れを調整したのは煙石の役であったり、現実にかばん持ちを務めることでいくつかの事実を知っているのは煙石であることなどは知られていなかった。

私と取材スタッフが、なぜ断交通告が遅れたのかを徹底して調べて明らかにしてみようと試みたのは、前述のように開戦から五十年が過ぎていた平成三年である。意外なことに、五十年を経ても不明点は依然として不明だったのである。

真に遅れた理由は大使館内部の人間関係の悪さ、事務連絡の不手際、そして開戦近しの緊張感欠如などがすぐに挙げられる。それをわかりやすくするために、箇条書きにしてみたい。

(一)日本大使館内部の情報電信課から書記官室まで、第一通から第十三通までの電文は全て迅速に届いていた。

（二）井口貞夫参事官や奥村勝蔵、松平康東《こうとう》、寺崎英成の三人の一等書記官は電信課からの解読電報に目を通していない。六日夜はそれぞれ全員が外出していた。

（三）七日（日曜日）の朝、出勤してきた海軍の駐在武官実松譲《さねまつゆずる》が郵便受けの電信の束を発見し、実松が区分して各セクションに運ぶ。

（四）その後、電信課員がこの日の朝に届いた第十四通めも解読して、書記官室に運んでいる（十二時半）。

（五）書記官室でタイプを打ったのは奥村だけで、奥村が対米交渉担当の書記官で、松平、寺崎は情報の担当であった。

これが私が、電報遅延を調べようと思った時に明らかにされていた概略であった。この概略は前出の『太平洋戦争への道』を基に、さらに関連書で確認をとって明らかになった遅延の道筋であった。

FBIに行動を監視されていた

たとえばワシントン時間の午前九時に大使館に出勤した実松は、郵便ポストに電文の束が押し込まれていることに愕然《がくぜん》としたと証言しているが、外務省の側はそんなことはないと反論している。この対立があった。加えて大使館の内部では、電信課の課員が書記官室に責任を押しつけているのではとの不満があった。そして私は、すでに七十代、八十代にさしかかっているかつての館員たちがそれぞれの不満を抱えていたことがわかり、まさに歴史上の人間模様を確かめることにもなったのである。

実松譲はこの時、東京・小金井の自宅で取材に応じた。私はそれまでなんども実松には会ったことがあるので、気安く話ができる。当時八十九歳であったが、質問にはすべて丁寧に、具体的に答えてくれた。私が印象に残っていることを二点、挙げておきたい。

その第一は、我々日本大使館の館員はすべてＦＢＩに行動を監視されていたという事実である。海軍駐在武官の事務所は大使館の近くに構えていたが、日常の監視が厳しく仕事にならない。

それで十月に入って大使館内部に移ったというのであった。ところが、それほどの緊張感が大使館の内部にはまったくなかったという。時局に対する認識が欠けていた、と批判は徹底していた。

第二は、野村は、海軍の大先輩に当たるから礼を尽くして接したというのである。大使館の大使室の近くに駐在武官の一室を借りることになった。野村はときどき海軍駐在武官の責任者である横山一郎や実松のもとを訪れては、「こちらの言うことをさっぱりやってくれないんだ」と愚痴ったというのである。

先の『太平洋戦争への道』にも記述してあるのだが、「大使館の三書記官の間に勢力争いや功名争いがあったことは、当時心ある在留邦人の均しく憂慮した点であったが、若杉公使、井口参事官にこれを統率する力が薄かったために大使館幹部職員間のチームワークは極めて良好を欠いていた」という状態であった。

通告遅延の理由もチームワーク欠如によるのではないかと書いている。これは重大な指摘であった。実際に調べてみて私も頷《うなず》けた。

野村は松岡洋右外相から二度にわたり、アメリカ大使を要請されている。曖昧に頷いていたそうだが、松岡の要請は執拗で、つまりは引き受けている。アメリカ、ソ連、ドイツの大使がいずれも軍人であるのは外務省の職員たちには不人気であった。職員がそのような大使に忠誠を尽くすわけはないと言っていいだろう。電報遅延問題は、外務省の士気を著しく削《そ》いだがゆえのことだったと言うべきで、松岡人事の欠陥が露呈してきたのである。この責任は重い。この点への批判もこれからはより必要になるだろう。

不祥事から栄達の道へ

実松が指摘したこの二つの点について、当時の外相だった東郷茂徳が戦後になって書き残した回想風の自伝で、「（この不祥事は）大いなる過失と怠慢」のせいだと思うと手厳しい指摘をしていた。この過失と怠慢は太平洋戦争を語り継ぐに当たって、これからも伝承されていかなければならないといえる教訓である。

野村は前出の『米国に使して』の中で通告遅延問題についてはまったく触れていない。あるいは触れていた可能性もあるが、前述のように東京裁判の判事団に貸して、返却してもらえなかったのかもしれない。

付け加えれば、若杉要《かなめ》公使、井口貞夫参事官に加え三人の一等書記官もこの件については史実を語っていない。

あえて言えば、この時期に断交通告の遅延問題について書き残している外交官といえば、当時ニューヨークの総領事だった森島守人《もりと》が自らの著書『真珠湾・リスボン・東京―続一外交官の回想』（岩波新書）で触れている。といっても森島はワシントンにいたわけではないので、事実そのものに触れるというより、その責任は問わなければならないといった内容である。

確かに東京裁判でもアメリカ側はこの奇襲攻撃を法廷に持ち出そうとしている。しかし日本政府としては通告なしの攻撃の意思はなかったとの結論に達し、ある段階で裁く対象から外している。

野村のノートなどが重要な役割を果たしたのではないかと推測もできる。
戦後、この不祥事に関わった公使や参事官、それに一等書記官はむしろ栄達の道を歩んでいる。外務次官に就いた者もいるほどである。いわば「臭いものに蓋《ふた》」という形で事は終わっているのである。

それに勢いを得たのか、平成元年に当時ワシントンの日本大使館で書記官補を務めていた藤山楢一《ならいち》が、『一青年外交官の太平洋戦争―日米開戦のワシントン→ベルリン陥落』（新潮社）を著した。ただ、こうした外務省寄りの書は、大体が実松の証言に物言いをつけるといった形になっている。

郵便ポストに電文が束になっていたというのはあり得ない、と批判するのである。すでに電信課は受け取っていたといった類いの批判である。付け加えておけば、当時電報は二つの電信企業を使って送られていた。アメリカ側も日本の電信電話公社を使っている。それは外交上のお互いの約束事でもあった。

こうした経緯のほかに平成十年頃からは、井口貞夫の子息である井口武夫（元外交官）が退職後なのだろうが、電報遅延問題の本質について研究を続けて、少しずつ関係者に自説の冊子などを配布し始めた。

歴史上、信用ならざる国家

井口の論は、その後『開戦神話─対米通告を遅らせたのは誰か』という本にまとめられ、具体的な解明を発表している。私にも一連の資料が送られてきた。一読していくつかの発見があった。結論から言うと、井口は外交公文書館などでの発見文書を基に、外務省は第十四通目を早くに送ろうとしているのに、参謀本部の将校が一方的に開戦を匂わす表現を改竄《かいざん》し、あまつさえその発信を遅らせたというのが本質だと暴いたのである。

参謀本部や軍令部は奇襲攻撃の事前通告に反対していて、外務省はそれに協力させられたと言うのである。それで野村には、情勢を見てわかる通り交渉を打ち切りとする方向にあるが、交渉決裂の印象は与えないようにせよとの電報を打っていた。

外務省が東京裁判でも東郷茂徳外相をかばうために、出先に責任を負わせるようにしたのが戦後の一貫した見方になって定着したと言うのである。このような事実を整理した上で、井口は具体的に名前を挙げて弾劾している。

外務省としては米国課長の加瀬俊一、参謀本部の通信課員の戸村盛雄、作戦課の瀬島龍三の三人が本来の責任を負わなければならないとしている。

井口のこの書が史実の見方として定着するか否かは、今のところはっきりとは断言できない。なぜならその結論の引き出し方に予断もあるからで、たとえ東京側に問題があったにしても、大使館内部の作業の手間取り、さらには館員たちの緊張感の欠如に批判される余地があることは否定できない。たとえ現実的でなかろうと、野村や来栖の責任もまた問われることになるはずである。

井口の指摘が正確か、それとも思い入れがあるのか、そのあたりはまだはっきりしていないとの前提で論じることになるのだが、断交通告の遅延問題は単にこの時だけの問題ではない。ここには歴史上の日本社会の体質が問われている。この国家が土壇場で訳のわからない行為を働くとするならば、歴史上は「信用ならざる国家」ということになる。井口の証言は、大使館員にとっては味方になるだろうが、客観的に見れば館員の間に緊張感が欠けていたことを否定できない。

たとえば当時米国課長であった加瀬俊一は、かつて私の取材に対しては、微妙な言い方をしていた。館員間の軋轢《あつれき》、それに大使との連係不足などを具体的に語ったあとに、館員たちが交換船で帰国した昭和十七年八月になぜ遅延したのかの調査を行おうとした、と言った。いわば当然の処置である。しかしその調査は部分的にしか行われなかった。

組織上の問題と個人的な問題

加瀬の話である（これは拙稿の「外務省50年の過失と怠慢」からの引用である）。

「これは私の口からはいいにくいことですが、大使館は緊張感に欠けていたのです。（昭和十六年十一月に入って日米関係が悪化しているし、暗号機を壊すようにとか、くどいくらい訓令を送っているのに、全く暢気なものです。だから外務省始まって以来の汚辱の日になってしまったんです」

こう言ったあとに、館内の人間関係がうまくいってない、そして野村さんは海軍側から来てもらったし――といささか愚痴っぽくなっていく。そのうえでなぜ調査委員会を立ち上げなかったのか、との問いに対して、次のように答えた（これも前出稿からの引用）。

「やはり言いにくいのですが、海軍が、野村さんにキズがつくというので不賛成でした。この頃はまだ戦争が勝利を収めていた時で、そんなことを問題にする空気ではありませんでした。責めることはできなかったのです」

もっともこのことは外務省にとっても好都合だったということになるだろう。ただし外務省内部では密かに調査は行われた。もとよりこれは幹部にとって都合の良いような結論を出していたらしい。つまり電信課の解読の遅れとされた。このことは、当時、駐米日本大使館の電信官チームを率いていたキャップが昭和二十一年三月に赴任地から日本に戻って来て知ったという。

これは書記官の一人が証言していた。

私もこのキャップの怒りはわかる。調べればすぐにわかることだが、電信課の課員たちは本省からの第十三通までの電文解読に何日か徹夜しながら取り組んでいる。解読した文書はすぐに書記官室に届けられた。むしろ本省指定の書記官たちがそれをタイプにするのを放置していたのだ。電信官キャップが激昂する方が当然である。

こうした怒りが通じたのか、やはり三月と思われるが、岡崎勝男総務局長を中心に委員会が発足している。この委員会の報告は今も曖昧にされている。

私の取材スタッフの一人が、遺族に話を聞いている。電信官キャップの堀内は仕事一筋の官僚で、野村大使がアメリカに赴任する時に連れていったという。野村さんの不名誉になることなどするわけはないとの怒りを聞いてきている。

結局、詳しく調べていくとこの遅延事象は、前述のように組織上の問題と個人的な問題とに分かれていく。組織上の問題は日本大使館内部の執務姿勢、システム、そして人間関係が因となっているし、個人的な問題としては各人の間に信頼感が欠如していたといっていいだろう。

電信課の課員に責任を負わせるのは極めて悪質な責任逃れのように思われるのだ。

東京裁判では、本省の亀山電信課長は昭和十七年八月に帰国した電信課の課員に聞き取り調査を行ったと証言し、電信課に落ち度はなかった旨の内容を明確にしている。

特命大使の来栖三郎の口供書には、奥村がタイプを打つのに手間どったとの内容があるし、野村の秘書だった煙石学も、国務省に一時間ほど遅れると電話をしたのは、奥村がタイプを打つのが遅かったためと証言している。煙石も一部は手伝ったと証言しているのだ。

戦後の調査で奥村に一定の責任を認めなければ、となったのだろうが、その内容はこの頃は公表されていない。

あえて不思議なこととして付け加えるが、昭和二十年九月二十七日の昭和天皇と連合国総司令官のマッカーサー会見で通訳を務めたのはこの奥村であった。ところがその後は奥村ではない。表向き奥村は第一回のこの会見内容を洩《も》らしたために替えられたと言われている。しかしその理由の具体的な事実は示されなかった。

私の推測では、奥村に対してアメリカ側の忌避の感情を知り、外相であった吉田茂が更迭したと見るのが当たっているように思う。そして昭和二十八(一九五三)年に日本が主権を回復した後は奥村を外務次官に据えている。電報遅延の当事者は吉田の庇護のもとで、不名誉に蓋をして栄達したということになる。こうした事実はさほど知られていない。

「信念から迸りでた言葉でなければ」

対米開戦時の駐米日本大使館内部の人間関係、それにそれぞれの思惑、考え方などを見ていくと、そこに統一が見られない。そのことが通告遅延の一因であることは当時の館員たちも認めていた。これまでも触れてきたが、特に大きな対立は海軍の駐在武官と外交官の対立である。前述のように、駐在武官の実松譲は当日（十二月七日）の午前九時に大使館に出勤した。すると郵便ポストに新聞の束と牛乳、それに電報の束が置いてあったという。これは実松の言だが、「大使館はだらしないなあ」と怒りを感じたというのであった。実松は武官室で電報を分けてそれぞれの部屋に届けた。

付け加えればその頃、日米大使館は電報などはお互いに電信電話の中央機関をつかうことという約束があった。

この電報がどのようなやりとりをされたかは、すでに書いたとおりだが、改めて実松と野村の関係を書いておかなければならない。野村は海軍出身ということでよく武官室に入ってきては雑談をしていったというのだ。野村が心おきなく話せるのは武官長の横山一郎や実松だったのである。

実松が書き下ろした稿（私家版）からの引用になるのだが、武官室ですき焼きを食べた時に、野村は述懐したそうである。昭和十六年の八月頃だという。以下、野村の述懐である。

「自分は海軍の出身なので外交上の技術というものは知らないが、日米国交の調整というような大事な問題は、いわゆる外交の技術ではダメだと思う。自分は、こうだと腹の底から信じていればこそ、相手をも納得させることができるもので、俗にいう権謀術数的な単なる外交上の小手先の駆引きを以てしては、成果は到底期待しうるものではなく、自分の信念から迸《ほとばし》りでた言葉でなければ相手を感動させるものではない」

それが野村の信念だというのであった。そのうえで過去にはアメリカ側から、「うそつき」と罵《ののし》られた外交官もいたとの例をひいて、自分はそうはなりたくないと必死の形相で語ったというのであった。

実松は野村を大使につけた以上、日本政府は野村のプライドを汚すべきではなかったと、なんどもくり返した。実際は、野村が武官時代にハーバード大学に留学していた折に、ルーズベルトと同窓だったという縁を利用するだけで、むしろ野村をピエロのような役として使ったにすぎなかった。

実松は東京の不穏な動きは、日本からの電報を丹念に読んでいくとわかるはずだったと主張している。大使館にはその緊張感がなかったというのである。むろん海軍の駐在武官にも近々真珠湾攻撃があるだろうといったことは知らされていない。しかし然るべき時には暗号機などを焼却せよといった電報や機密書類も焼却するようにとの電報は武官たちを神経質にしていた。それだけに外交官たちの対応は生ぬるく思えたのであった。

外務省を擁護した藤山書

この実松証言がアメリカへの通告遅延の外交団の対応のまずさとして戦後は一貫して語られ続けてきたのであった。外交団はこれを受け入れていかざるを得なかったのだ。

前述のように戦後五十年近くを経て、藤山書が刊行され、実松証言はウソだ、外務省は早くから対応していたと反論するかたちになった。しかし藤山書はいくつかの点で巧妙な言い回しで事実が不透明になる文章を記している。

たとえば六日の夜、井口貞夫参事官が書記官室に入ってきて、たまには食事でもしようと書記官たちを誘ってユニオンステーション近くの「チャイニーズ・ランターン」というレストランに行った。藤山書によれば、この食事会の出席者は、井口、松平、八木正男など五人から六人だったという。ここに奥村や結城司郎次《しろうじ》一等書記官などはいなかった。藤山は書く。

「今から考えると多分大使公邸の野村、来栖両大使の傍らにいて続々と到着する電信について協議していたのであろう」

電信をタイプで打っていたかのような書き方をしている。そしてこの夕食会に寺崎は一時間ほど遅れて参加したが、その理由についても次のように書いている。重要なので引用する。

「『ルーズヴェルト大統領から天皇陛下に親電が送られた、との連絡を受けてね』と寺崎氏は、驚くべきニュースをもたらした。連絡を受けた寺崎氏は直ちに公邸の両大使に報告し、協議をしていたのだという」

実はこの書が明かしている事実は、必ずしも当たっていない。藤山は、実松が見たという郵便ポストへの電文の束というのは事実ではないと遠回しに言っている。そして歴史的には、大使館の館員たちが送別会を開いていて電文解読が遅れたといった説を、いやあれは夕食会だったと話をそらしていることになる。藤山は館員たちを擁護するために、寺崎の遅れを野村たちとの打ち合わせと言い換えている。

私が開戦から五十年目に断交通告の遅延を取り上げるべく、文春スタッフとともに取材調査を始めたのは藤山書が刊行された頃だった。結果的に外交官と駐在武官の対立の深部を知ることになった。もとよりどちらが正しいといった形の決着などつけようがない。その立場でもない。しかし結果的に、取材を進めると意外な事実が次々とわかってきた。

一例をあげると、私たちは当時の電信課の課員の中での生存者の大体に話を聞いた。吉田寿一の証言になるのだが、課員たちは六日の午前中から暗号解読機で十三通目までの電文解釈に精を出していた。

東京裁判と酷似した構図

すると、午後八時頃に奥村が電信課に顔を出して、「寺崎さんの送別会があるから行こう」と誘いに来たというのだ。電信課の課員たち六人は食事もせずに電文の解読に努めていたために、空腹であった。それで寺崎の送別会に行くことになった。この送別会には寺崎や前出の夕食会とは別のメンバーが出席していたわけだが、結城なども加わっていた。

ここで確認することになるのだが、六日の夜は二つの食事会があった。藤山が書いているように、井口たちの夕食会、そしてもう一つは奥村らが主催した寺崎の送別会である。藤山書は意図的にか、寺崎の送別会を無視している。そして奥村と寺崎が出席していることの会には触れず、自らの想像で奥村と寺崎はそれぞれ仕事に取り組んでいたと一方的に書いている。

さて問題はこの点にある。藤山書が結果的に虚偽を交えながら問うているのは、三点である。やはり箇条書きにしてみよう。次のようになる。

（一）実松の指摘する七日朝に郵便ポストに電文が束になっていたことを否定する。
（二）野村には前夜からいろいろ報告していたと野村の立場をそれとなく攻撃する。
（三）大使館内の人間関係の悪さが通告遅延の一因であることを隠蔽《いんぺい》する。

この三点を指摘できるのだ。歴史的には原因を巧みに外部とする手法である。よく使われる手法でもある。私は実松にはすでに何度も会っていたので、藤山書の持つこの三点に強い不満を持った。事実と違いすぎる。実松はこの時すでに八十代になっていたが、自らの体験した郵便ポストへの電報の束をまるであり得ないことのように否定されたことに不快感を隠さなかった。

開戦から五十年を経て、事実として定着しているのに今になって何を言うのかというのであった。結果的に私は、実松の言い分の側に立ったのだが、それは藤山書は肝腎な部分が推測になっていて、むしろその推測を否定する事実の方が多かったからだとも言えた。同時に、二人のこの期の対立は歴史のくり返しのようでもあった。そのことに触れておきたい。

この構図を見て、私は図らずも東京裁判（極東国際軍事裁判）と極めて相似していると思ったのである。この裁判で、東郷茂徳外相と嶋田繁太郎海相の間で、論争が起こった。断交通告の遅延を巡って、海軍側が四十一年十二月七日の午後零時半（ワシントン）にアメリカ側に渡すことが大本営政府連絡会議で定まったのに、それでは奇襲攻撃ができないため午後一時にせよと要請した、と陸軍側が明かした。

東郷はこの事実について認めた上で、東京裁判が始まる頃に、嶋田と永野修身《おさみ》元軍令部総長から、「海軍が奇襲を欲しておると言ってくれるな、私のためにならぬだろうという脅迫的なこと」を言われたと暴露したのである。

嶋田は反論し、そんなことは考えたこともないと応じた。いわば泥仕合になったのである。東郷が太平洋戦争に反対していたことは多くの証人が証言したが、鈴木貫太郎元首相の供述書も提出され、東郷は「もともと戦争に反対であり、また東條の独裁並びに高圧的な政策に反対する手段として東條内閣を辞職した人なりとの感」を持っていると明かしている。

つまり東郷の人間性について全幅の信頼を置いているというのであった。

断交通告の遅延問題は、日本政府は遅延の意思がなかったという理由で、訴因から消えていくことになるのだが、副次的に海軍と外務省の対立（それも人間関係）の根深さを見せつける結果になる。

野村はこの対立関係の中で捉えるとわかりやすい。外務省側からは、疎んじられるという構図が浮かびあがってくる。

ここであえて触れておくことにするが、外務省はこの遅延問題について、平成六年十一月に大臣官房総務課が外交文書の公開を発表している。

その中に「昭和十六年十二月七日対米覚書伝達遅延事情に関する記録」が含まれていた。太平洋戦争開戦時の断交通告の遅延に関する省内の調査による報告書である。すでにこの問題については昭和十七年、二十一年の二回にわたり、省内の調査は行っていることが明らかになっている。これまで外務省は素知らぬ顔だったのである。

この報告書は、当時の館員たちへの聞き取り、問い合わせなどから成り立っている。

これは私の意見であり、的を射ているか否かは別にして、この報告書からわかることは次のようなことだと言っていいだろう。主要点だけを箇条書きにする。

(一) 実際にタイプを打った一等書記官の奥村勝蔵が「対米最終回答文発出前後の事情に関する記憶」(昭和二十年十月三十日)には事実誤認(電信課員の終日勤務は誤り。午前五時以降は帰宅を命じられている)がある。自らに都合がいい書き方だ。

(二) 昭和十七年時の報告書(たとえば井口貞夫の文書)など昭和十七年時の調査はかなり杜撰《ずさん》であるにせよ、もっと早くに公開されるべきではなかったかと思われるが、この点は曖昧である。

(三) このような遅延が起こったのは事実であり、「極めて遺憾なことであり、申し開きの余地のないものと考えている」との理解が皮相であり、外交上の本質的な問いかけに答えていない。歴史的に封印の意図が透けて見える。

このような形での決着は、今後なお「トレチャラス・アタック(騙し討ち)」という語が蘇《よみがえ》ることはないだろうかとの不安とも重なり合うように思う。

親米派を代表する政治家に

野村は、昭和に入ってからは日本海軍の重鎮であり、外相に就任するなど、政治家の側に活動を移していった。知米派として期待されていた。昭和十五年十一月に、西園寺公望は病の床で、駐米大使に野村が就任することを考えていた。野村なら対米関係をうまく処理するだろう、一刻も早く就任してほしいと秘書の原田熊雄に洩らしていた。

野村には親米的なエピソードがいくつかある。これは実松の証言だが、開戦前に日系アメリカ人から「戦争になったら、我々は日本、アメリカのいずれに忠誠を誓うべきか」と問われ、ためらいもなく「それはアメリカに忠誠を誓うべきである。それが今の君たちの役目である」と説いたという。戦時下には伏せられていた逸話である。

真珠湾攻撃によって、野村をはじめ大使館員たちは抑留生活に入る。野村に対してアメリカ側は特別の待遇をしている。野村の誠実な外交上の態度は信頼されたのであった。もっともそれは「マジック」のせいでもあったからだ。戦後は東京裁判の検事団長であるジョセフ・キーナンから何度も招待を受け、帝国ホテルで会食している。キーナンの部下で検事団の調査役を務めていたロイ・モーガンは野村らが拘留されていた時の護衛役であったというのである。

野村に同行して会食に加わっていた前出の煙石学によれば、キーナンやモーガンはしきりに野村を慰めていて、結果的にピエロのような役を演じさせられた野村に同情していたのである。その同情は戦後社会における野村への特別な支援体制であった。野村は戦後、松下幸之助に誘われて日本ビクターの社長になり、財界人として活躍する時期もあった。

しかし昭和三十年代のある時期からは自民党の参議院議員となって、防衛問題などへの有力な役割を果たしている。いわば親米派としての人脈に連なる政治家であり、日本の保守政治家の中で独自な存在になっている。戦後日本の保守政治家には旧体制回帰派が常に一定の存在を示していたが、その中で野村が親米派を代表する政治家として一線を画していたことは注目されていい。

戦後民主主義は戦勝国アメリカが日本にもたらした。戦後日本において、戦前志向の政治潮流に対し、親米派の存在意義は大きかったのである。だが、対米従属の問題点がさまざまに現れている今、野村という人物は複眼の視座から振り返られる必要があるだろう。そのためにも私は、「真珠湾騙し討ちの犯人」との野村に対する一面的な捉え方を、歴史的な再検討によって見直すことが必要だと考えているのである。

第五章

田中角栄は「自覚せざる社会主義者」だったのか

角栄は「自覚せざる社会主義者」

昭和史には三十二人の首相が存在する。

昭和前期（昭和二十年八月まで）は十五人、昭和中期（昭和二十七年四月まで）は五人、昭和後期（昭和六十四年一月まで）は十二人となる。

では前期を代表する首相は誰か。いうまでもなく軍人として首相の座に就き、対米開戦に踏み切った東條英機であろう。

中期は、太平洋戦争に敗れてアメリカを中心とする連合国に占領を受けた期間である。この期間に国益を守るために働いた首相は吉田茂であり、このことには誰も異存あるまい。

そこで後期は、ということになる。これには、高度成長政策を進めた池田勇人《はやと》、沖縄返還を成し遂げた佐藤栄作、行財政改革を行った中曽根康弘といった名がすぐに挙がる。しかし戦後民主主義体制にあって、戦後の復興を果たし、中国との国交正常化を実らせ、戦後の特徴ともいえる「政治の国民化」の役割を実践した、田中角栄こそ後期の代表ではないか。田中は庶民の欲望を直截に政策化した日本で初めての首相だと、私には思えるのである。

東條、吉田、田中と並べてみて、そこにはなんの共通点もないように見える。軍事エリート、外交官、そして少年期からの労働体験者。しかしただ一点の共通点は、彼らが留置場か拘置所に入っていることだ。

東條は対米開戦の責任を問われて巣鴨プリズンへ、吉田は戦時下に米英と和平工作を企図しているのではないかとの嫌疑で憲兵隊に逮捕され、田中は代議士一年の折に収賄事件（一審有罪、二審無罪）と、昭和五十一（一九七六）年のロッキード事件での逮捕である。これらの逮捕の内実を検証すると、東條の対米戦、吉田の親英米、そして田中は対米従属からの離脱の試み、とその立場の違いは明らかであるが、すべてアメリカがらみである。

たぶん、田中は昭和の政治史、庶民史を語るときには、歴史に残る政治指導者と目されるだろう。私自身、著述家としてこの三人の評伝を書いてきたのだが、田中に対してもっとも強いシンパシーを感じてきた。

田中の評伝を書こうと思いたったのは、平成十年代に入ってからだったので、私は田中自身に会うことはできなかった。しかし田中の元秘書である山田泰司《たいし》や田中派の代議士、それに『越山』（田中の後援会の機関紙）を読む多数の田中の支援者たち、そして元宮内庁長官の宇佐美毅《たけし》らに会って、その実像を確かめることができた。そうしたあげくに辿《たど》りついた、田中についての私なりの結論を初めに語っておきたい。

その結論とは、次の二点である。
（一）田中角栄は「自覚せざる社会主義者」であった。

（二）田中角栄は戦後社会に生きる庶民の本音を忠実に代弁した。

この二点によって、田中は稀有《けう》な指導者たりえている。さらに言えば、この二点を貫いているのは、〈田中角栄〉は戦後民主主義の骨格を成しているという理解である。

昭和天皇と角栄の「対話」

私たちの戦後民主主義の本質は、いわばアメリカン・デモクラシーというところに落ち着くのだが、まぎれもなく田中角栄はその実践者であった。アメリカン・デモクラシーはいくつかあるデモクラシーのひとつにすぎないが、それは戦勝国のデモクラシーとして日本に持ちこまれた。田中はその体制を巧みに利用したのである。だからこそ「今太閤」と呼ばれたりもした。

二つの結論のうち、まず初めに（一）について触れておきたい。田中を社会主義者などと評したら、目を白黒させる向きもあるかもしれない。むろん私の言う社会主義者とは、かつての社会党員が抱いていたような社会主義イデオロギーを指しているわけではない。教条的な社会主義者の枠組みの中に閉じこもっているというのではない。

田中のような戦後日本の「自覚せざる社会主義者」は、二つの特徴を持っている。ひとつは戦前の天皇制と一線を画する天皇観、もうひとつは国家予算の分配に庶民的な視座を持ちこんで、それまでの保守政治家とは異なる分配システムを企図した（そのことを私は、「欲望充足型の政治家」と言うわけだが）ことである。

田中の天皇観は、他の首相とは異なる面があった。このことは、宮内庁長官だった宇佐美毅の証言からも窺《うかが》えた。田中がロッキード事件で逮捕されたあと、昭和天皇は、テレビに田中の画像が映るとすぐにチャンネルを変えたといわれる。昭和五十年代の半ばである。当時このことを口にしたのは、政治評論家の藤原弘達《ひろたつ》であったが、私はそれが真実か否かを宇佐美に確かめたことがある。昭和五十八年のことであった。東京・赤坂の宇佐美の住むマンションにおいてである。

宇佐美は、私とある編集者の問いに、直接には否定も肯定もしなかった。しかし次のように語ったことが、今も私の記憶に残っている。

「一般的には、首相の内奏というのはせいぜい十分程度なんですね。それが田中さんの場合は三十分以上もかかって陛下の政務室から戻られた。あろう事か扇子をパタパタさせて自分に涼しい風を送っている。そして陛下にご説明をしてまいりましたと言う。私は、悪い予感がしましたね。陛下の前でも扇子を使ったのではないだろうかと不安になりました。何しろ彼はあまり格式などにこだわりませんからね」

宇佐美は長官のポストを離れて五年余を経ていたこともあり、私たちに心を許したのか、田中の内奏の実態を具体的に語った。『昭和天皇実録』には、むろんこのような内実は書かれていない。

宇佐美が政務室に入ると、天皇は茫然《ぼうぜん》とした様子だったという。田中は、天皇が「経済はうまくいっていますか」と問うと、それこそタテ板に水の如《ごと》く、国際貿易収支がどうであるか、赤字国債がどの程度になるか、自らの内閣の政策はどういう手を打っているか、まるで政治の場の議論のように論じた節があった。

実はこれはルール違反であった。

宇佐美によるなら、戦後の憲法下では天皇は政治に関わらないことになっているから、内奏は「経済はうまくいっていますか」との問いには、「ええ、うまくいっています。この景気の良さが続くように努力しております」といった表面的な会話を交わすのが慣例であった。しかし田中は、そういう慣例にとらわれなかったというのである。

天皇が茫然としていたのは、田中が自らの政策について諒解を求めているのか、あるいは天皇自身を政治の側に巻きこもうとしているのか、その判断を下しかねていたからではなかっただろうか。私のそういう質問に、宇佐美は苦笑いを浮かべて答えなかった。

「角さんは戦争をしない政治家だよ」

天皇の主催する園遊会には、大抵の首相はせいぜい三十人くらいしか、自らの後援者を招待しない。ところが田中は百人単位で、招待状を発送する。これによって田中は、私的に天皇を利用していると謗《そし》られた。新潟県に住む母親のために新築の家を建築する折に、旧御料地の木材を使えないかと内々に打診したこともあると言われた。こうした噂は数多く撒《ま》かれ、その真偽ははっきりしていないにせよ、しかし田中ならばありうるとされた。

もとよりこうした田中の天皇観は、その戦争体験の中にも具体的に窺える節もあった。機関紙『越山』には、田中がどんな苦境に陥ってもその政治的立場を支える庶民が「田中さん、がんばれ!」と投書を続けていた。そういう中には反戦的思考を持つ元兵士が意外に多かった。彼らは、田中の軍隊体験談は、日本の軍隊が「天皇の軍隊」と言われながらも、その実、軍人に都合のよい組織に変容していたことを見抜いた者によるものだと証言した。

大阪のある中小企業経営者は、「角さんはあれこれ言われても、決して戦争をしない政治家だよ。軍隊の胡散《うさん》臭さを見抜いた者だけに通じる戦争観が感じられる」と言い、「戦争に行ってなんの得があるの、と田中さんは言いたいんだ。これが二等兵の体験を持つ首相の哲学だよ」とつけ足す。確かに田中は、天皇の軍隊はタテマエだけで、そのホンネを見抜いていて、自らに肺炎の症状が出たのをいいことに除隊することに成功している。

田中の天皇観は、庶民のバランス感覚をよく示していて、天皇を神格化された存在などとはまったく思っていない。そのバランスに、私たちは改めて着目し、それを歴史の中に刻みこむことが重要になろう。

次に、前述の二点の結論のうちの（二）について語っておかなければならない。

田中は戦後すぐに行われた初の総選挙（昭和二十一年四月十日）に立候補したが、これは新生日本の門出となる儀式であった。このときは都道府県単位の大選挙区制で、二（または三）名連記という選挙システムが採られた。

田中の選挙区（新潟県第二区）では、定員八人のところに三十七人が立つ激戦区となった。田中はまだ二十八歳の青年候補者だったが、きわめて人目をひく選挙方法を採っている。早稲田大学の雄弁会の学生を選挙演説に投入したというのである。だが、「これからの時代は、青年の手によって、いや新しい世代の手によって日本を変えていこう」と訴えながらも、その演説の大半は大所高所からのものであった。投票結果は第十一位であり、田中はあえなく落選となった。

この選挙から、田中は多くの教訓を得たのであろう。二回目となった昭和二十二年四月の選挙では、すさまじい人海戦術を採り、自らの会社である田中土建工業の出張所を新潟県の第三区に設置し、採用した社員を選挙運動に駆りたてた。そして田中自身の演説は、雪国新潟からの脱却の訴えでもあった。次のような演説をしている。

「列島改造論」をつぶした企業エゴ

「皆さーん、県境の三国の山々を切り崩してしまえば、日本海の季節風は太平洋側に抜けます。魚沼にも雪は降らなくなるんだ！」（新潟日報社編『ザ・越山会』新潟日報事業社）

荒唐無稽《こうとうむけい》にも聞こえるが、この演説がウケたのである。田中は庶民が何を望んでいるか、どのような生活環境を期待しているのか、そのあたりをこの二回目の選挙で見抜いたと言っていい。こうした点の政治的勘は抜きん出ていたのであろう。

庶民が望んでいるのは、戦後復興そのものであり、地理的に不利な条件下に置かれている者にとっては、そこから脱却したいとの痛切な思いであった。それをわかりやすく言えば、「より便利に、より豊かに、そしてより早く」といった庶民の欲望を政治に取り入れることだと、田中は気づいたのである。

一着の背広を持っていればもう一着がほしい。東京—新潟間が五時間も六時間もかかるのは時間のムダだ。一時間余で行けないか、そうすれば生活の余剰時間ができるではないか——庶民の中にあるそのような欲望を政策に直結させていくこと。田中は、そのような道を選んだのである。

ここであえて付け加えておけば、こうした欲望が辿りついたのが、「日本列島改造論」であった。田中は首相になるやこの構想を内政の柱にしたのだが、田中の論によれば二十五万都市を全国のいたる所につくり、それを生活空間にするというのだ。この都市には工場などを置かず、いわば完全に居住空間に徹する。工場などはまた別の空間につくり、そこは経済都市にするというのであった。

今にして思えば、これは庶民の欲望を最大限に充足させる構想であった。より便利に、より心地よく、より経済効率を求めて、という方向性を追求したといってもよかった。しかし、この構想はつまずく。企業はこの構想を見越して土地の買い占めに走った。居住空間づくりのために「工場追い出し税」の創設を考えると、中小、零細業者からは猛反発を受けた。

私的な意見になるが、この構想自体はある先見性を持っていた。しかしそれを上回るほどの企業エゴが、この構想をつぶしたとも言えたのではないか。

田中の秘書であった山田泰司は、田中への陳情の差配を行っていた一人だが、「日本列島改造論」が解体していくプロセスの中に、田中を持ちあげつつ、それを利用していく企業エゴを読みとった旨の証言をしていた。実際に、田中が欲望を政策化することに対して、多くの国民は支持をしていたのである。しかしひとたび田中が「日本列島改造論」の失敗を問われるようになり、ロッキード事件で被告人になると、国民は、欲望を政策化することの後ろめたさ、さらには自らの心中にある非論理的な欲得に気づかされ、それが田中批判へとつながっていった。

田中首相の支持率の増減の激しさはそれゆえであった。庶民は己の心中への恥じらいをもって、田中を足蹴《あしげ》にしようとしたのである。

次に、この点をさらに見つめながら、戦後史に残る田中の功績である「日中国交正常化」を正確に書き残しておきたい。

対中外交の道筋を探り始める

昭和にはいくつもの節目になる年がある。昭和前期においては、昭和六（一九三一）年（満州事変）、十一年（二・二六事件）、十二年（盧溝橋事件）、十六年（太平洋戦争）といった年が挙げられようが、この伝でいけば、昭和四十年代は間違いなく四十七年が該当するだろう。田中内閣が誕生し、中国政府との間で共同声明を発して近代日本の清算を行ったからである。

この前年の七月、ニクソン米大統領は中国訪問を発表して、歴史的な外交交渉の始まりを世界に告げた。この事実は当時の佐藤栄作首相に衝撃を与えた。米中外交について、米国側からは事前にまったく知らされていなかったのである。国際連合の総会でも、日本は米国の言いなりになる形で中国政府の国連加盟に反対し、台湾の中華民国を正統政府と認めていた。日本政府は、まさにはしごを外された状態となった。

佐藤首相は狼狽《ろうばい》しながらも、国会では、日本も中国政府と外交交渉に努めたいと発言した。この時、田中は佐藤内閣の通産大臣のポストにあった。田中は佐藤首相のこうした後手に回る中国政策に必ずしも同調していなかった。むしろこの米中外交交渉を奇貨とすべきと考えたのであった。実際に田中はこの頃、外務省中国課を通じて対中外交の道筋を探り始めていたのである。佐藤の後継役を担う一人として、佐藤の頑迷な反中国政策とは巧みに一線を画する方向を目指していた。

佐藤は後継首相に自派の福田赳夫《たけお》を想定していたし、自らは密使を用いながら沖縄返還交渉を続け、「核抜き本土並み返還」を米国政府に約束させるべく働きかけていた。昭和四十六年の日米関係は、こうした国益を賭けての闘いといった側面があった。

付け加えておくなら、当時、アメリカの貿易収支は輸入が輸出をはるかに上回る状態であり、これは異常な事態であった。常に黒字であった貿易収支の悪化は、日本からの輸入超過に起因していた。アメリカの議会や国民の間には日本への複雑な感情が生まれていた。そこでアメリカは沖縄を返還する代わりに、日本からの繊維製品の輸出をターゲットにして、日本に自主規制を要求してきたのである。沖縄返還のために繊維が犠牲になる形になったが、繊維業界への補償システムを考え出すなど、田中は巧妙な策を用いて佐藤首相の急場を救った。

　昭和四十七年七月の総裁選挙で、田中は福田を破ったが、一回目の投票では田中が一五六票だったのに対し、福田赳夫は一五〇票であった。大平正芳は一〇一票、三木武夫が六九票であり、上位二人の決選投票になると、田中は二八二票、福田は一九〇票であった。田中が勝ったのは自らに好意を持つ他派閥にカネを投入したからだとか、ポストを約束したからだと言われたが、しかしとにかく田中は、その端倪《たんげい》すべからざる政治力で首相の座に就いたのである。

伊藤昌哉が語った「田中は危険な存在」

　本書第六章で取り上げる、宏池会《こうちかい》の事務局長を務めた伊藤昌哉《まさや》は、大平の懐刀でもあったが、田中に対する警戒心を常に持ち続けていた。これは私への直話だが、「大平から田中についてどう思うか、聞かれたことがあったよ。昭和四十年代に入ってのころで、田中が政治力を持ちつつあり、一方で、大平も宏池会で相応の地位に就くことが約束された時だ。僕は、田中という政治家はあなたにとって危険な存在だ。将来、あなたの傷になるだろう。彼に近づいてはだめだ。遠ざかればいい、すると必ず彼の方から寄ってくる、と伝えた」

と言う伊藤は、田中の持つ不思議な魅力について証言している。

伊藤は、日本の将来を考えたとき田中は危険な存在であると常に言っていた。

その理由について、

「なぜなら思想、哲学を持っていないから、その行動に深みがない。カネと人情で動くというのではまるで渡世人のようなものだ。私はいつか彼が蹴つまずくと思っていた」

と語っていた。私は、伊藤の『自民党戦国史』の聞き書きを務めたこともあり、こうした話は数多く聞かされた。私が、田中は「自覚せざる社会主義者」だとの判断を持つに至ったのも、伊藤の言を通じてという側面が大きい。

こうした、田中に対しての反発が強い人たちは、田中の中国との外交交渉ははたして信念のもとに進められているのか、といった不安を隠さなかった。中国との外交交渉に反対というのではなく、田中の信念の中に中国と向き合う使命感のようなものがあるのか、といった懸念であった。

昭和四十七年七月七日に誕生した田中内閣は、宏池会の支えによったともいえたが、大平は外相に据えられた。大平は田中から、田中・大平連合政権のように囁《ささや》かれたといわれていて、伊藤もそれならチェック・アンド・バランス役で、と考えていた。大平もそう思っていた。ところが実際に閣僚の人選が進むと、この期待はまったく裏切られて、田中の思うがままの内閣になったというのであった。伊藤をはじめとする宏池会の者たちは、大平と田中の蜜月に見える関係の真の狙いが大平の影を薄くしていくことだと本能的に見抜いたのである。

日中国交交渉に至る、こうした政界の裏側にあえて触れておくのは、田中に政治思想や理念がないと批判する人たちの言の中に、しばしば政治的駆け引きの失敗の意味がひそんでいるとも言えるからだ。

歴史上では、田中は日中国交正常化に成功し、近代日本の基本的な誤りである大陸政策に終止符を打ったとして、その名を残した。その役を現実に進めたのは大平であったが、しかし田中・大平のコンビでこの正常化が成功したとはいわれていない。伊藤昌哉が懸念していたのは、まさに歴史的評価では大平が利用された形になっているとの意味であった。

一方、田中の方も歴史上に大きなミスを犯していることにあえて触れておこう。

「首つりの足を引っ張った」発言

昭和四十七年九月二十五日に、田中首相と大平外相は、北京空港に降り立った。この日に田中は周恩来首相と初めての会談を行っている。翌二十六日から二十八日の第四回まで首脳会談を行っているが、この議事録（石井明、朱建栄、添谷芳秀、林暁光編『日中国交正常化・日中平和友好条約締結交渉』）を読んでいくと、興味深いやりとりがある。二点だけを語っておきたい。

まずその一点は、周恩来がこのころに表面化していた中ソ対立に触れながら、特に国境問題などではソ連との間に信頼感はなくなっていると打ち明けていることだ。ソ連は中国との国境に百万の軍隊を配置していると言って、「これでもソ連が同盟国であると言えるか」と伝えている。この国は信用できないとくり返すのだ。それに応じて田中は答えている。「ソ連は日本との間で不可侵条約を結んでいながら（敗色濃厚となると日本に対し）首つりの足を引っ張ったので、日本としては、ソ連を信用していない」

周恩来はそれに対して、「我々は日本がソ連と話をするのは容易でない、四つの島を取り返すのは大変だと思っている」と応じた。このやりとりを見た外務官僚の中に、田中に不快感を持つ者がいたように思える。なぜなら、田中のこの言には誤りや史実への理解の不足が露呈していたからだ。それを確認することで、日中国交正常化のある断面を語っておく必要があるだろう。

田中の言には「上品さがない」。ソ連が太平洋戦争末期に日本に参戦を布告してきたことに対し、「首つりの足を引っ張った」という言い方をしている。この比喩自体は当たっていると言えるが、外国首脳に対して用いる表現ではない。

もうひとつは、昭和二十年の終戦当時、日本がソ連と結んでいたのは、「日ソ中立条約」であり、「日ソ不可侵条約」ではない。中立条約と不可侵条約とはまったく意味が異なる。昭和七年にソ連は日本に対し、不可侵条約を結ぶべく提案をしたことがあるが、日本は拒否している。逆に昭和十六年四月に、松岡洋右《ようすけ》外相はモスクワを訪れたときに中立条約を結んだ。不可侵条約は二国間で相互に戦争を忌避するが、中立条約は一ヵ国が他国と戦争状態になっても中立を守るとの意味だ。

この二つの点（品のなさと誤解）が、田中の短い台詞《せりふ》の中に盛られている。こうした場合の慣例について、私は充分に知らないが、少なくとも議事録などで後世に残すのであれば「首つりの足を引っ張った」などという表現はさりげなく、「軍事的に痛手を受けていたわが国に突然宣戦布告した」といった表現に手直しすべきではないか。あるいは不可侵条約は中立条約に直すべきであろう。そうすることが田中の名誉を次代の人々の目から守ることになったのではないか。

日中国交樹立、挨拶を交わす田中角栄と周恩来

そのような配慮のないところに、田中を見つめる官僚の底意地の悪さが見えるように思えるのだ。

周恩来はこうした会談で昭和二十年二月のヤルタ会談で、スターリンとルーズベルトやチャーチルとの間で結んだ秘密協定（ナチスドイツ崩壊から三ヵ月以内に、ソ連は日本と交戦状態に入る）について日本はどう思っているのか、つまりソ連という国もアメリカも信用できないと見ているのか、を確かめたがっているかに見える。しかし田中はそうした史実については答えていない。首つりの足を引っ張った、とはそのような問いへの答えにはなっていない。

なぜ毛沢東は角栄と会ったのか

田中と周恩来の会談では、日米安保条約についても論じられている。周恩来はこの条約に不満はあるが、しかし国交正常化にあたってはこれは関係ないとも言っている。「我々はアメリカをも困らせるつもりはない」とも言う。これに応じて田中は、「訪中の第一目的は国交正常化を実現し、新しい友好のスタートを切ることである。従って、これにすべての重点をおいて考えるべきだと思う」と答えた。

田中も日米安保条約についてはは深く論じる姿勢を見せていない。つまり、アメリカは日中友好の枠組みとは関係ないとの認識で、中国側も日本側も一致していたのである。

こうして発表された日中共同声明は、日本の中国への過去の歴史に謝罪の意を含めて、新たな関係の構築を謳《うた》った。田中の秘書だった早坂茂三は、「明治から敗戦に至るまでの間、わが国の中国政策は、中国民衆の血と涙の上に日本の繁栄を探す軌跡であった」(『田中角栄と河井継之助、山本五十六』東洋経済新報社)と言い、その清算が終わったと断じている。この見方は当たっているだろう。

近年、ニクソン政権の国務長官だったキッシンジャーは自伝を著し、その中で中国との交渉にアメリカが方向転換したあと日本が巧みにこの機会を利用して、あれよあれよという間に国交正常化を実らせていくプロセスに強い怒りを示している。そのうえで、われわれがつくったケーキのもっともおいしい部分を日本にさらわれた、との表現を用いている。

キッシンジャーのこの怒りが、後のロッキード事件の伏線になっているようにも思われる(後の首相中曽根康弘が、やはり近年に著した回想録の中で、キッシンジャーが、田中を逮捕させたのは誤りであったと述懐した旨の記述が残されている)。

周恩来は、田中に「急遽《きゆうきよ》毛沢東が会うことになった」と告げている(九月二十七日)。この時、毛沢東は田中に「もうケンカはすみましたか。ケンカしなくちゃダメですよ。ケンカしてはじめて仲よくなるのです」と述べた。逆縁こそ、真の友をつくり出すとの言い方をしている。田中は、「周首相とは円満に話し合っております」と答えた。このころ毛沢東は外国の要人とはほとんど会わない。にもかかわらずなぜ田中に会ったのか、それも急遽会うことになったのか、その真意は今も定かではない。

これは私の推測だが、中国側は田中という人物の中に、これまでの日本の政治家とは異なる側面を見たのではないか。もとより田中を社会主義者として遇したわけではなかったが、中国側が田中の中に見たものは、実は過去のいきがかりにこだわらずに大胆に、旧体制を変える力があることだったのではないか。本書第七章で詳述するが、私自身、後藤田正晴の紹介で中国旅行に赴いたことがあり、このときに中国の外交官は一様に田中に強い連帯の意識を持っていることがわかった。

日本側は、日中国交正常化にあたって、近代日本の中国政策によって、中国国民に「重大な損害を与えたことについての責任を痛感し、深く反省する」との一節を入れている。田中の内政政策もこの方向だったと改めて確認すべきであろう。

庶民の良いところと悪いところ

昭和という時代が〈同時代史〉から〈歴史〉に移行していく時、これまでの解釈や見方が変わることは充分にありうる。たとえば〈同時代史〉の中では、戦争反対の意味は、皮膚感覚になっているから共鳴、共感を得ることができるが、〈歴史〉の視点で見るとその皮膚感覚は想像力に移っていく。従って想像力が欠如していたり、知識として戦争の本質を見抜けない者は、実にあっさりと武力行使を容認してしまう。

今はそういう時代に入ってきていることが、日々の報道の中からも窺える。

こういう時代に、もう一度、田中角栄を見直す必要があるとの意味は、田中が徹底したリアリストであり、自らが手でつかんだ生活感覚を大切にする政治家だったからである。かつて私は拙著『田中角栄と安倍晋三―昭和史でわかる「劣化ニッポン」の正体』(朝日新書)の中で、「(田中は)生活者としての視点をもち、(人々に)人として生きる夢を与え、その可能性を何度も日常用語で語ったように思う」と書いた。このような政治家は、いつの時代にも庶民が待ちこがれているタイプではないか。何も大言壮語をしなくてもいい。日々の安寧こそ大切なのだという信条である。

私は後藤田正晴の評伝を書くために一年半近くにわたり、月に二回会っては取材を進めたことがある。後藤田は、東京帝大を出て内務省に入り、戦時下では軍の経理部将校を命じられ、大日本帝国の官僚生活を体験した。その後藤田がなぜ田中の派閥に属し、田中の政治家としての道筋に協力したのだろうか。私は次のような質問を試みたことがあった。

「内務官僚出身の後藤田さんとしては、田中という政治家は何を行うかわからない。そこでこの国の基本的な枠組みを踏み外さないために監視役として田中さんの側近になったのではないのですか。それに後藤田さんは中曽根内閣の官房長官になりましたが、それも日本があまりにも右派に傾いてはいけないとの内務官僚、とくに地方局出身の考えからではないですか」

つまり、内務省地方局出身の官僚は国民生活重視派だが、あまりこの国を欲望の塊にしてはいけないと考えていたので、その監視役になったのではないかと質《ただ》したのである。中曽根康弘元首相の場合は、右派思想を前面に出すのではないかと案じたに違いないと思った。

後藤田は「監視役なんてとんでもない。そんな力は旧内務省の連中にはないよ」と否定して、大要次のような話をくり返した。

〈はっきり言うと田中さんは「庶民宰相」、中曽根さんは「官僚宰相」タイプだ。田中さんは文を書かせたら誰にも負けないほど巧みに庶民の気持ちを書く。庶民の良いところ、悪いところを皆知っている。悪いところ？　それはカネで人間が動くことが多いといった金銭哲学になったと思う。政治を金権化させたのは、確かによくなかった。しかし田中さんは、十代から苦労して育ったから無理もない。中曽根さんはあまり苦労もせずに育ち、教育も受けたがゆえに形而上的なものの言い方が好きな人だね。二人には対照的なところがあった〉

角栄に共鳴する「五つのタイプ」

後藤田に言わせれば、田中はまさに「庶民の代表」のようなところがあり、その良さも悪さも全て代弁していたことになる。後藤田自身は田中の持つ特異な才能に関心があったのと、文章がうまい、一度口にしたことは必ず守る、といった能力を信用したというのであった。二十一世紀に入ってまもなく後藤田からこの話を聞いて、私はある事実に思い至った。

田中が東京地検特捜部に外為法違反容疑で逮捕されたのは、昭和五十一（一九七六）年七月である。その後八月に受託収賄の罪も起訴され、翌年一月から裁判が始まった。昭和五十八年十月に、東京地裁は懲役四年、追徴金五億円の有罪判決を下した。田中は、「この判決はまったく遺憾である」としてすぐに控訴の手続きをとっている。

この昭和五十八年の判決を前に、ある出版メディアが特別号を刊行することを企画し、私にも執筆依頼があった。それはこの年に入って田中の後援会組織である越山会発行の機関紙『越山』の投書欄に、「田中さん、がんばれ！」という応援を寄せている庶民を訪ねて、その本音を聞き出すとの企画であった。苦境に追いこまれている田中を、この期にあっても支え続ける「庶民」の素顔を確かめたいという狙いであった。そのメディアの編集部は、この年の投稿者三十数人の住所と名前をすぐに調べあげた。

この頃はまだプライバシーだ、個人情報だという時代ではなく、さまざまな手づるを使って都市名と大まかな住所、そして氏名がわかれば、すぐにその人物を特定することができた。三十数人の住所、氏名はすぐに判明した。意外なことに、『越山』の投稿者は編集部が捏造《ねつぞう》したのではなく、すべて実在していたのである。加えて田中を支援する庶民は、北海道から沖縄まで全国各地に及んでいた。しかしその三十数人のリストをよく分析すると、大阪を中心に関西周辺が十人近くに達していることに、私は関心を持った。なぜだろう、というのが疑問であった。

昭和五十八年の七月、八月にこの三十数人に連絡をとり、次々と会っては「なぜあなたは田中角栄を応援し続けるのか」と尋ねた。この顚末《てんまつ》はそのメディアの特別号にも一部紹介したが、田中を、真に困ったときまで支え続ける庶民とはどんなタイプかという分析となった。今、その当時の取材メモを頼りに、さらに詳細に記述するなら、田中に共鳴、共感を寄せるタイプ（たとえどんな事態になろうとも田中に思いを託するタイプといってもいいが）とは大きくいって、次の五つに分類することができる。

（一）田中角栄を日本の政治改革の旗手と見る者。
（二）世論や司法に叩かれている田中へ同情や支援をする者。
（三）田中を支持することによる自らの利害得失を考える者。
（四）戦争体験者の元兵士としての田中の戦争観に対して共鳴する者。

（五）地方の政治好きタイプで田中のイメージを利用する者。

この五つのタイプに見事に分かれる。あまりにも明確な違いに私は驚いたのだが、多くの田中支持者は田中の政策に期待したはずである。同時に田中によって官僚型の政治に別れを告げることができる、あるいは田中独自の庶民目線の予算分配政策を支持するとの諒解があった。加えて角栄の「非戦」という姿勢は戦争体験に根ざしていると受け止めていた。田中への支持、支援は常に流動的であるにせよ、この五つのタイプは、田中を自らの生活感覚で見ている点に特徴があるように思えるのであった。個々に説明を加えていくと、田中と素朴な庶民の関係がより鮮明になっていくであろう。

「本当の非戦主義者」という声

（一）のタイプはいわば知識人の階層に属するのだが、東京・日本橋に住む会社員（四十代後半）は、「自民党政治の党人派の勢いがまったく失《う》せてしまった。この時にあたり、田中さんはその党人派の政治をよみがえらせると思う」と言った。池田勇人、佐藤栄作と続いた官僚の政治姿勢を打破するのは田中さんしかいないと激賞する。このようなタイプが多いことに、私は驚いた。自民党も社会党も、そして他の野党もあまりあてにならない。田中によって世直しを行え、というのであったが、確かにこのようなタイプは一般にも多かったように思われる。
（二）については主婦や高齢者が多く、いわば社会生活への自らの不満を田中叩きへの批判と重ね合わせている者が多かった。
（三）は、小事業の経営者、あるいは保険の勧誘マン（ウーマン）、不動産屋、飲食業の人びとが多い。このタイプは、「田中さんの支持者」というレッテルをなにかしら自らの商売に役立てようというところがあった。実際に私が取材を終えたあとに、生命保険に入らないかと誘われて驚いたものである。彼らの中には、
「中小企業や零細企業の経営者が田中を支持するのは、なんとか好景気にしてほしい、田中さんでなければそれはできない、ということ。私が田中さんを支援するのは、財界から直接政治資金をもらわずにすべて自前のおカネで政治力を身につけたのだから、小さな悪を犯したとて責められるいわれはないと思うからだ。五億円の授受は決して多いとはいえないはずだ」

といった考えを口にする者が多かった。このタイプには、田中を支持することによって経済的利益を得ようと考える者が多いのも特徴だったのである。
（四）は、特に大阪を中心とする関西周辺の元兵士に多く、取材を進めていくうちに実はきわめて深刻な意味を持つことに気づかされた。このことについては私はこれまでも触れ

たことがあるのだが、近代の日本の戦争で大本営の参謀は、最前線には決して大阪の連隊兵士をつぎこまなかったと言われているのである。彼らは、すぐに状況を読んで戦場から離れたり、戦意を喪失して捕虜になるからだという。

こういう体験を持つ者は、田中の略歴（たとえば『私の履歴書』日本経済新聞社）を読み抜き、「田中さんは我々と同じ考えだ。実際に軍を脱け出るために、我々と同じことを行ったのではないか」と想像するのである。

〈同時代史〉の感性で田中を見る

「田中さんは軍隊のタテマエ主義に飽き飽きしていた。こんなところで死んでたまるか、と思った我々と同じ立場だということがわかる。だから私は彼を支持しているんだよ」とつぶやいた元兵士は、田中の戦争観をもっと聞きたい、それは我々と同じだという感がするんだ、と正直に洩らしていた。

先にも紹介した大阪郊外に住むこの中小企業の経営者の言についても後でもう一度触れるが、彼は、田中こそ本当の反戦主義者だと、何度かくり返した。私はこの声が田中支持者の中には意外に多いのではないかとの感も受けた。つまりこれは〈同時代史〉の感性で田中を見ているのであり、〈歴史〉上では決して窺い知れぬ感性というべきではないか、と私には思えるのであった。
（五）についても語っておこう。いつの時代もそうかもしれないのだが、政治家周辺に身を落ちつけて生活を成りたたせる者は常に存在する。大正期から昭和の初めにかけて数多く存在した「院外団」なるものもそうであろう。彼らは政治家周辺に存在することで、ときに政治が内包する暴力装置の役割を代行したりする。東海地方のある都市の投稿者に田中支援の理由を聞きに行こうと、駅前でタクシーを止めると、運転手がそこに行きたがらない。この街で名を馳《は》せている政治ゴロというべきタイプで、誰からも嫌われていた（家族とも別れ一人暮らしだった）。
この人物（六十代）は田中の事務所に電話をして、自分の意見を言って参考にしてもらっているというのだが、要は迷惑がられていることもすぐにわかった。あえて私がこのことを記述しておくのは、玄関で話している際に、この人物がノートをめくろうとした時、葉書の束が落ちたことが忘れられないからである。その葉書の裏面には、赤字で「天誅《てんちゅう》、非国民よ、反省せよ」と大書してあり、なにやら文面が筆文字で二、三行書かれていた。政治ゴロは、それをゆっくりと拾い上げたが、私は、「そうか、こういう人物が、日々気にいらないことがあれば葉書の表にその人物や組織の名を書いて投函《とうかん》しているのか」と思い至った。

こういう人物が田中の名を利用していることを私は不快に思った。

田中はなぜ庶民に支持されているのか、『越山』の投稿者を訪ね歩いての私の結論は、田中の名を利用しようとする者もいるとはいえ、近代日本の歴史総体に不満、不安を持つ庶民の良質な感性が、田中の金権体質にはついていけないが、政治家としては、後藤田正晴が指摘したように、庶民自身を代弁しているタイプと受け止めていたのである。

庶民の視線の位置

明治十八（一八八五）年に誕生した第一次伊藤博文首相から現在の安倍晋三首相までに、六十人余の首相が存在する。この中で田中は東大卒で高級官僚出身の首相像とはまったく趣を異にする。言ってみれば無手勝流で自らの力のみを信じてその座にたどり着いたと言っても良いだろう。

それだけに田中は、他の首相と比べて独自の資質を有しているように思える。それは次の三点だ。

(一) 形而上の価値観を信じない。
(二) 大衆の欲望に忠実である。
(三) 現実変革のエネルギーを持つ。

田中の人生と田中の言動にはこの三点が顕著に見られると言ってもいいと私は考えている。そしてここが重要なのだが、田中を浮かび上がらせることで、他の首相に欠けているものは何かがごく自然にわかってくる。それは〈庶民の視線の位置〉ということである。

そのことを田中は教えている。それが最も重要だと私には思えるのだ。

田中は大正七年生まれだから、太平洋戦争に真正面から向き合わなければならなかった。それは、昭和の不幸な時代をいかに生きたかを検証される宿命を持っているということでもある。その人物が一兵士としてどう戦争と向き合ったかを見なければならないのである。

ところが田中には戦争の影が希薄である。それは見事なほどである。確かにその自伝『私の履歴書』を読むと、一兵士としてソ満国境付近に配属されたが、肺炎になり、内地に戻されて完治して太平洋戦争下では大河内正敏の理化学研究所に出入りし、国策に協力したという来歴が記されている。しかし、何か淡白な感じがすることは否めない。

田中がロッキード事件で逮捕されたのは、昭和五十一年である。国民が驚かされたのは、首相在任時代にロッキード側から五億円の賄賂をもらったということだったが、これは首相経験者としては日本の政治史上でもきわめて異例のことであった。このような事態になっても「田中さん、がんばれ!」と励ます人々が存在し、田中の後援会の機関紙『越山』での投稿は激励一色だったのである。

「越後の百姓」という自己認識

先述したように、大阪郊外在住の、田中と同年代の元兵士は、「自分はなぜ田中さんを支持するかと聞かれれば、実に簡単です。田中さんこそ本当の反戦主義者なんです。我々にはそのことがよくわかるんだ」と言うのであった。この言を元兵士たちの何人かが一様に強調するのである。取材を進めるうちに、田中は元兵士たちの間では、特に激戦地を生き抜いてきた元兵士の間ではまさに特別扱いだったことがわかってきた。首相経験者を私は何人か取材しているが、田中に関しては、歴史には裏側があるということを痛切に知ったのである。

これは極めて微妙な話になるのだが、日本軍の兵士にされた人たちの中には、戦争でなど死にたくないと考える人たちも当然多かった。彼らはどうするか。軍を脱け出すことを考える。無論、思想的な意味で脱け出すのではない。自分の人生は自分で決めて生きるという信念で、皇軍を脱け出す方法を考えるのである。それは命を賭ける覚悟が必要だ。私にこの説明をしたのは、大阪郊外に住む中小企業の経営者だった。まさに田中と同年代の元兵士である。仮病を使っての逃げ道は、以下のようになる。

〈仮病は大胆だが、最も可能性がある方法である。意図的に咳を繰り返し、顔面を紅潮させ、息を荒らげ、前線に医師が診察に訪れた時に診断書を書いてもらう。ただし医師は老練の軍医だと見破られてしまうので、若い医大出が軍医になった時が好都合である。そして内地に帰してもらう。一度結核の診断書を貰えば、二度と徴用されることはない。結核患者は軍内では最も危険な存在だからだ〉

この仮病を密かに行った兵士たちは口には出さないが、有名人の誰某はそうだとか、政治家のあれもそうだったとか、すぐにわかるという。同時に密かに畏敬の念を持つというのであった。ここで断っておくが、田中角栄がそうだと言っているわけではない。そういう体験の周辺にいた元兵士が、田中にそのような感がすると言って、共鳴しているということである。

私が、田中角栄を近代日本で稀有の首相と言い、庶民の本音を代弁していると評するのは、こういう逞《たくま》しさに、理屈を口にするばかりの「左翼」よりはるかに、人間的な健全さを見るからである。

田中は近代日本の権威をそれほど認めていなかったのではないか。田中が自ら口にするように、自分は「越後の百姓」だと言うのは、実は明治維新の戊辰戦争時の賊軍という意識があるのではないかと考えたくなる。越後の庶民感覚が、田中の最大の武器ではないかとも思う。

政治とは庶民の生活を守ること

本章冒頭で宮内庁長官を務めた宇佐美毅の話に触れたが、田中は天皇への上奏の折に特に畏敬の念を示さなかったようである。天皇はこの時、この男は何者なのかと思ったのではないだろうか。天皇は政治的立場には立たないから具体的な話をするわけにいかないのを知りつつ、田中が一方的に経済政策について話し続けるのは、自分を陥れようとしているのではないかと、天皇は考えたように思う。この男は「自覚せざる社会主義者」とまではいわないにせよ、そのような類いの人物と天皇は受け止めたように、私には思えた。宇佐美の話にはそこまでの響きがあった。

田中について私は、庶民の目を持っていて他の首相のように上からの視線で人や社会を見なかったことが最も特筆すべきことだと思う。そして明治以来百五十年の中にこのような首相を抱え込んでいることに、私たちは誇りを持っていいように思う。この目の位置の低さや、幸せを物量や現実的打算で見ていくことの意外な重要性を、私たちはもっと知っていいはずである。

田中の政治的業績の一つである、一九七二年の日中国交正常化の後、私は昭和十年代の国民党を調べるために、何度か台北を訪れた。そのときに台北政府の要人から、「我々から見て、あなたの国には二人の悪いタナカがいる。一人は田中義一、もう一人はカクエイです」と酷評された。ところがその要人は、カクエイはいいところもある、なぜなら我々と断交する前に台湾と日本との間に地下ケーブルを開設し、自由に通信ができるようにしたと言って褒めもする。田中はこのような実利を台湾にも与えていたと言うのである。確かに田中にはそのような実利性が伴っている。前述の「日本列島改造論」などもその典型であった。

もう一点、挙げておこう。

これはあるアメリカ人ジャーナリストから聞いたのだが、田中角栄は実は骨のある政治家だ、アメリカ人の日本研究に奨学金を出していると言うのであった。これは「タナカ・ファンド」と言われているそうだが、アメリカ東部の有名大学にはこうしたファンドで育った次世代の研究者が少なくない。こうした研究者の中にはその後に「日本叩き」に加わった論者もいるが、しかしそうした研究者も含めて日本に関心を持つ裾野が広がるのは長期的には国益につながる面があるということだろう。

田中角栄の戦前、戦時下、そして戦後の生き方を見てきて、私たちは政治がどのような役割を果たすべきかを改めて考えてみるべきであろう。田中はそのプラス面とマイナス面を見事に体現していた。

プラス面は、政治とは庶民の生活を守ることであり、それ以上でも以下でもないと教えている。夢のような絵空事を政治の中心に据えないというのが信念なのである。

マイナス面は、政治を庶民の欲望の肥大化の手段に使ったことであろう。田中の政治は、欲望を肥大化させて、それに応えるという手法が特徴であった。庶民はあれも欲しい、これも欲しいと欲望の充足を田中に託した。結局、それは挫折したのであった。

田中が政治の舞台から次第に遠ざかると、庶民は自分たちが欲望の肥大化によって田中を支えたことを忘れたいと思い、一気に田中を罵《ののし》ることで欲望の肥大を恥じてみせた。田中は庶民の目の高さで等身大に存在し、そして昭和政治史の中に静かに眠っている。その姿に私たちは、自分を重ねてみるべきなのであろう。

庶民の感性の代弁者であった稀有な政治家の、その良質さが伝わるように、私はせめて〈歴史〉の中に田中の名を刻んでおきたいと思うのだ。

第六章

伊藤昌哉はなぜ「角栄嫌い」だったのか

「君は政治というものがわかっていない」

伊藤昌哉が、ベストセラーとなった『自民党戦国史』を著したのは、昭和五十七（一九八二）年の夏であった。六百ページを超える大著なのに多くの人に読まれたのは、昭和三十年代、四十年代、そして五十年代の自民党政治の内部を赤裸々に語ったからである。

このベストセラーを祝って、出版元の朝日ソノラマの編集担当重役の塩口喜乙（元『朝日ジャーナル』編集長）、そして編集担当者の西村順之助、それに私と伊藤昌哉の四人が、東京・銀座のふぐ料理店で祝宴を開いた。

増刷に次ぐ増刷で短期間に十五万部を突破するなど考えてもいなかったので、私たちは誰もが陽気に杯を干した。といっても伊藤は心臓に持病があり、酒量を控えている状態で、私もそれほど酒を飲む方ではなかったので、もっぱら塩口と西村が酒量をあげていたと記憶している。

談が盛りあがった折、伊藤が「保阪君」と私に話しかけた。そしていつものように口の中に言葉を溜《た》めるようにしながら、少しずつ言葉そのものを吐きだした。

「君と僕のような関係は逆縁というんだよ」

当時私は四十五歳であり、伊藤（彼は誰からもブーちゃんと言われていたが、私はとてもそんな気安くは呼べなかった）は、大正六年生まれだったから、六十五歳になっていたことになる。

伊藤は大要、次のような話をしたのである。

「人と人が親しくなる、あるいは打ちとけて話ができるようになるには、順縁と逆縁のふたつのうちのいずれかを辿《たど》るんだ。順縁というのは、最初からウマが合うという関係だね、まあこういう例はあまり多くはない。大体は逆縁という形をとる。初めは衝突をくり返すんだな。しかしそのくり返しの中で、自由に会話ができる関係ができあがっていく。君と僕はそういう関係だ。君はよく私にタテついたよ……」

私は自らの人生で、本当に心を打つ言葉を与えられたことは少ないが、このときの伊藤の言葉はまるで昨日のことのように覚えている。

実際にこのベストセラーが刊行されるまでに、私はどれだけ伊藤に不満をぶちまけたかわからない。

あるときは伊藤が、興奮して語ったこともあった。

「君は政治というものがわかっていない。権力者という者がどれだけ日々脅《おび》えてすごしているか、それがわかっていない。政治の教科書のようなことを口にするな。私の本はそんな本ではない！」

このベストセラーがどのような過程で生まれたか、そのことを明かしつつ、私は伊藤昌哉という人物にいかに多くのことを学んだかを語っておきたい。

昭和五十六年の十一月だが、私は塩口に呼びだされ、ひとつの仕事を頼まれた。

「僕は朝日の政治記者のときに宏池会《こうちかい》の担当だったんだ。それで伊藤のブーちゃんと今も付きあっているんだが、彼の独特の政治観、政治家たちに信頼されているがゆえの政局観は、きちんと書き残しておきたいと思う。君はブーちゃんに徹底して話を聞いてまとめてもらいたいのだが、やってくれないかな」

いわばゴーストライターのような役である。私は、伊藤が内閣総理大臣池田勇人《はやと》の秘書官としてその職務をこなし、池田亡きあとに『池田勇人 その生と死』という名著を残していたことを知っていた。

「政治とは人間の地肌に触れること」

昭和三十五（一九六〇）年十月に右翼少年によって暗殺された社会党の浅沼稲次郎を悼む池田首相の追悼演説は、歴史に残る名演説であった。池田はこの中で、浅沼の遊説姿を語る詩の一節を引用している。

「沼は演説百姓よ　よごれた服にボロカバン　きょうは本所の公会堂　あすは京都の辻の寺」

そして日頃は清貧に甘んじ、東京下町のアパートで質素な生活を続けたその生き方に熱い称賛の言葉を贈った。

議場はときに拍手が響き、社会党議員の中には涙をふく者もあった。この名演説の原稿を書いたのは伊藤だったのである。私はそのような伊藤に直接会って話を聞けることに期待があった。

昭和五十六年十二月二十七日頃から翌年の一月十日頃までの間、私と西村は東京・練馬にある伊藤宅を訪れて、連日五、六時間は話を聞いた。正月の三が日は休んだが、それ以外は伊藤宅の応接間で政治の裏話を確かめ続けた。録音はすぐに速記に回し、延べ十一日間で高さ一メートル余の速記録ができあがった。

伊藤は、自らのメモをもとに昭和三十年代、四十年代の政局の裏話を語ったのだが、記憶が鮮明で、「その時田中角栄は宏池会にこういう形で手をつっこんだ」とか、きわめて生々しく話すことに私は興味を持った。伊藤は田中が嫌いで、宏池会に口を挟んでくるのをなんども防いだという点をくり返し強調したのである。

「田中角栄は、感染性の強い菌を持っていると思えばいいんだ。大体、皆その菌をうつされてしまう」

と伊藤が話すことに、私は納得した。

とにかく、一メートルを超える伊藤の取材記録をもとに、私は二ヵ月ほどかけて『自民党戦国史』を四百字詰めで七百枚ほどに書きあげた。そして塩口や西村と共に伊藤宅に届けたのである。

三日ほどのちに、私と西村は伊藤に呼びだされ、伊藤宅に駆けつけた。

七百枚の原稿を前に、伊藤は不快を隠さずに私に詰め寄った。

「この原稿では、私の真意は伝わらない」と前置きして、保阪君は政治の何たるかをわかっていないとくり返す。

私は、伊藤のこの言に何か割りきれないものを感じた。政治に宗教とか心理とか、きわめて原初的な人間の地肌に関わる部分を持ちこむのはおかしなことで、より知的、理性的、そしてできるだけ感性を排さなければならないと私は考えていた。しかし伊藤は、「それは違う。政治とは人間の地肌そのものだ」と断定するのであった。このことを私なりに説明しておかなければならない。

大平正芳に神様の「お告げ」を知らせる

伊藤は特に、昭和四十年代から五十年代にかけての佐藤栄作後の自民党内の政争を「三角大福中（三木武夫、田中角栄、大平正芳、福田赳夫、中曽根康弘）」の対立と捉え、田中角栄を軸にしての政権獲得戦争の顚末《てんまつ》を話すのである。むろん伊藤は宏池会の事務局長として大平の指南役であった。いや、前尾繁三郎、宮沢喜一などと共に、宏池会を政争の中心軸に据える闘いを行ったといえる。

その折に伊藤は、自らが信仰している教派神道（幕末に生まれた宗教団体）の信者として、よく「お告げ」をもらいにこの宗派の教会に赴いている。時には大平などから「お告げはどう言っているか」と尋ねられて、その教会の教師を訪ねている。

「今、大臣は引き受けたほうがいいか」とか「誰某《だれそれ》はこんな言を弄《ろう》しているが、その本音はどこにあるか」などをその教師を通してこの宗派を起こした教祖に尋ねる。そのやりとりを「お告げ」というのであった。

私は原稿をまとめるにあたって、こうしたエピソードをすべて削った。政治が前近代的に見えるのを避けるためである。

伊藤はそのことで私に不満を述べた。政治というのはそんな理知的なものではない。人間心理の弱さとどう闘うかが中心のテーマだと言うのであった。伊藤は私のまとめた原稿に、自分なりに加筆すると言って、刊行時期を遅らせるように迫った。結局、二ヵ月ほどかけて伊藤は、そのような「お告げ」を文中に織りこみ、そして『自民党戦国史』は刊行された。

それがベストセラーになったのである。しかもこれまでにない政治ドキュメントとして、伊藤の加筆した部分が読者の目を引きつけた、と私も認めないわけにはいかなかった。

この書の刊行がきっかけとなって、伊藤はしばらくは政治評論家としてテレビなどでユニークな意見を発表していた。しかし私は、伊藤が自らに興味のない人物や事象になると、ほとんど意見を言わなくなるのを知っていたので、テレビで時にそういう表情になるのを見て、本当はあまり出たくないのだな、と窺《うかが》える場面もあった。

私は逆縁の付きあいだと言われ、加えて自宅が近いこともあり、伊藤宅に遊びに行く機会も増えた。

伊藤はその生い立ちなどを時に明かしたが、自分は満州育ちで、父親は満州浪人のような存在だったと話していた。奉天（現・瀋陽）での中学で成績は抜群だったらしく、旧制一高、東京帝大法学部と進んでいる。その後、戦時下では、陸軍の経理学校に入り、経理将校として軍に身を置いている。この時の体験についてはほとんど語りたがらない。これは伊藤の口ぶりから感じたことだが、軍人に対してはきわめて不快の念を持っていることが窺えた。日本の道を誤らせるのは、「人間」を生身で見ることのない連中に政権を託すことだと洩《も》らした言に、私も深くうなずいた。

なぜ田中角栄を嫌ったか

私は伊藤から「真実は細部に宿る」ことを教わった。たとえば日々の新聞の中から、いかに真実を見極めるか、そのことを具体的に知らされた。私たちは毎日、新聞を読みながらその日の大きなニュースを、一面や社会面のトップ記事で確認をする。しかし真実を知るには、そうではなく、その日のベタ記事を読めと言うのであった。そして「考えろ」と言う。この載せても載せなくてもいい記事を、新聞社の整理部員はなぜ載せたのか、その理由を考えていくと、そこに日々のニュースの動きの本質があると指摘するのであった。

伊藤自身、戦後は新聞社に籍を置いて整理部にいたから、この説得には迫力があった。

ある時、伊藤から君のお父さんはどんな人なのか、と尋ねられたことがあった。

「旧制中学（戦後は高校）の数学教師ですよ」と答えると、あまり人間関係を濃密に考えるタイプではないなと念を押し、自分もそうだよ、むしろ理科系のタイプなんだとも言った。それは、伊藤が私に語る政治論とは異なっているので首をひねると、次のようにつけ加えた。

「私が田中角栄を嫌うのは、あの男は人をすべて人間関係や情念で、それに加えてカネで縛るからだ。あれではいつまでたっても、田舎の政治だよ。もっと理知的に自分を見つめなければだめだ。そしてこの国をどうするのか、自分は今そのための権力をにぎっている、と自覚した時の怖さを知らないことが問題なんだ」

そういえば伊藤は、大平に朝早くに呼びだされて東京・瀬田にある大平邸に駆けつけることがあった。大平はその日に田中と会う予定なのだが、その時に決して田中のペースに巻きこまれないよう自ら注意する。そのために伊藤を呼んで、くれぐれも田中の術中にはまらないように自らを律したという。

「大平は田中の独断的な会話につい引きこまれていく、それが大平の人の良さだった」

伊藤はこう述懐していた。

大平は歴史に救われた

自民党は昭和五十年代初めに、ロッキード事件による田中角栄の逮捕があり、その後の衆議院選挙で敗北を喫した。大平首相の責任を問う声が高まった。しかし大平は、田中派の支えを受けて反主流派と対決している。ここで四十日抗争が続くことになる。

自民党内部は結党以来の危機を迎えた。この四十日抗争の間、伊藤は大平を支え、どのようにしてその権力を維持するかの戦略を立てた。『自民党戦国史』は、そのための闘いの実相を詳述しているが、私はそのことよりもこの四十日抗争のあとの衆議院選挙で、大平が急死したことにより、結果的に自民党が圧勝するその様子を確かめた。それが、政治の本質であることを知った。

伊藤はこの書の「あとがき」(「死者との対話(あとがきにかえて)」)の中で、大平へ手紙を書くという形により、その盟友の歴史的役割を次代に伝えている。伊藤は、「大平さん」と呼びかけ、あなたは死をもって自民党の危機を救うことになった、その死を通して私たちは何を学ばなければいけないか、と説いている。

伊藤が言わんとしているのは、「この時、大平は歴史に救われた」ということであった。つまり、その死によって自民党を救うことで、歴史から評価されることになったということである。伊藤はその充足感を死者に贈ったのである。私は伊藤が、塩口の勧めに応じて『自民党戦国史』を刊行しようと思いたったのは、大平の死がきっかけだったということに気づいた。

二〇一六年十二月、私はある縁で大平の女婿《むすめむこ》で秘書でもあった森田一《はじめ》と食事を共にした。急遽大平の代理で立候補した森田は、それまでの大平の票を上回ることが自らに課せられた役割で緊張した、と語っていた。

そのような言の端々から、私は伊藤の姿を久しぶりに確認した。ブーちゃんが今に生きていれば、宏池会の後輩たちにどのようなアドバイスを送るだろうかと想像したのである。

池田勇人への鎮魂歌

伊藤昌哉はどういう人物ですか、と聞かれたことがある。ベストセラーとなった『自民党戦国史』の刊行に当たって、私は伊藤に長時間インタビューしたこともあり、その人物評を聞かせてほしいというのである。

私の答えは決まっていた。「理論家であり、宗教家である」。この点に尽きたというのが私の印象である。なかなかわかりづらいが、しかし、この言葉がもっともふさわしいように思える。

伊藤が、『池田勇人 その生と死』を著したのは、昭和四十一年である。出版元は至誠堂であった。私は当時朝日ソノラマに勤めていた。しかし友人を通じて至誠堂の編集者と知り合った。その折にこの書が刊行されたのだが、池田が亡くなってから二年ほどのちのことになる。私が知り合った編集者が、伊藤の書の担当だったのである。

本来、池田に首相退陣の時には是非とも回想録の出版をと促していて、諒解をもらっていたという。しかし池田は在任中にがんだとわかり、退陣後まもなく亡くなった。それで秘書官だった伊藤がその在任前後の四年間を自らのメモを元に書いたという。

「ブーちゃんは義理堅い人だよ。とにかく約束は守る人です。それに新聞記者だから筆も立つし——」

と言うのであった。

この本は、池田への鎮魂歌のようでもあった。池田とともに高度経済成長の推進を務め、政策は進んだにせよ、池田が志半ばで倒れるとは伊藤にとって想定外のことだったのである。

この書の中で伊藤は、池田の中に入り込むといった記述をしている。どういうことか。私の理解では二人の考えがどんな時にも一体化するとの意味であった。状況の中での判断が瞬時にして同じであるとのことでもあった。

どういう苦境に立っても、考え方が一緒であるというのは、日頃からの思考の判断を同じにする訓練が必要であった。これは、同時に事象を見つめた時の判断が同じになるとの意味を含んでいた。

伊藤に私は多くのことを教わった。すでに記したが、真実は細部に宿るという言い方は、私も人生を過ごす上で大いに参考になった。

猥談で政治を活写する

たとえばある人物が、あることを表現するのに常識に反する表現をしたとしよう。今で言う差別用語などを平気で用いるような政治家は、伊藤に言わせれば、それがその人物の本質なのだということになる。そのことを具体的に聞いて、私はなるほどと思ったものだ。

私は、いわゆる六〇年安保の世代である。安保反対、岸を倒せ、とのスローガンを口にしてはデモを続けた世代である。昭和三十五年四月、五月、六月には国会を幾重にもデモ隊が取り囲んだ。

伊藤はその渦巻きを国会内から見つめながら、この若者たちのエネルギーを経済に向けたら、日本経済は飛躍的に拡大するだろうなと思ったという。権力に連なる者は、発想そのものが違うのである。伊藤は知り合いの東大の教官に密かに連絡をとり、学生たちの生態を調べた。

「学生たちは就職説明会に、デモのあとで駆けつけているよ。今年も就職の厳しい時代だからね。学生たちは必死だよ」

伊藤は、安保のあとは経済の季節に変えていこうとの考えを、すでに池田との間で決めていた。同時に日本開発銀行の理事である下村治などと一層の連携を強めていたのである。

さらに私が関心を持ったのは、伊藤はきわめて真面目で真摯《しんし》な人物であり、雑談でも古今の書籍の話が好きだったのだが、政治の状況、あるいは政治家のへつらいや媚びを口にする時は、いわゆる猥談《わいだん》風に話すのである。時に品のないたとえ話をすることもあった。

私はその意味が初めはわからなかった。しかし次第に理解できるようになった。

昭和のある時代までは、待合や料亭で政治家たちは一献傾けながら、政治上の駆け引きや相手の出方を探るのだった。あるいは政治的な話題を口にするのである。この種の料亭には芸者や座持ちの芸人などが出入りしている。直接話法では話せない内容が多い。そこで猥談で意を通じ合うのであろう。

そのことに気づいて、なるほど以前の政治家の体質を批判する時に、「待合政治反対」というスローガンがあったなと、私は思い出したものだ。

付け加えておくと、ある時期からは政治家の勉強会や派閥の集まりは、有名ホテルの一室での朝食会に変わった。弁当を食べながらの情報交換である。そんな朝早い会合で猥談などできるわけがない。政治家の話がストレートになり、駆け引きもテレビで行うのだから、政治は国民にナマの姿を示してくれる。料亭的な密室性がなくなった分、政治が劇場化したとも言えるのであろう。政治の光景が茶の間にそのまま入ってくることになったとも言えるように思う。

人の心を読む特別の才能

そのように分析すると、伊藤の政治評論はある時代の名残をとどめつつ、新しい時代の視点で論じている点が受けたのではないかと、私には思えるのであった。池田勇人の死により、『池田勇人 その生と死』を書き、四十日抗争で精根尽きて逝った大平正芳を悼んでまとめた『自民党戦国史』を世に送った。いずれもベストセラーになっている。

前述したように、昭和三十五年に右翼少年のテロに倒れた社会党の浅沼稲次郎の追悼文は、池田が議場で切々と訴えた。伊藤がまとめた一節には、「沼は演説百姓よ」との語がある。早稲田の学生時代から農民運動に飛び込んでの浅沼の一生は、確かにこの語に集約されていたのである。

伊藤は人の心を読むことにかけては特別の才能を持っていたように思う。私は、伊藤の自宅をほとんど毎日のように訪れては話を聞いたが、伊藤の持つ政治観はあまりにも人間を弱い存在と見ているようで、政治家のことを自らの判断につねに怯《おび》えているような人種と思っているのではないかと受け止めた。

政治というのは理性的、かつ合理的であるべきものだというのが私の考え方だった。伊藤にそういう見方は甘いと言われても私はなかなか肯《がえ》んじえなかった。しかし伊藤から嚙んで含めるように言われて納得した。やはり池田勇人の死に際しての伊藤の著作に説得力を覚えたからだった。

このこともすでに記述したのだが、伊藤はそのような私の納得を知って、「保阪君とは逆縁だよ」と言ったのである。

『自民党戦国史』がベストセラーになったので、朝日ソノラマでは続編を書いてもらった。

タイトルは『新・自民党戦国史』とした。

伊藤は「まえがき」で、この書は「大平死後の政権の帰趨《きすう》を私なりに分析記述したもの」と書いている。まさに大平という盟友を失い、情報が特別には入らない中での伊藤なりの「政治状況の解読書」と言っても良かった。

しかし担当者に言わせると、それほどは売れなかったというのであった。私の見るところ、この書は伊藤の持ち味である宗教的な書き方がされておらず、権力者が孤独な感情の中でいかに怯える日常を過ごしているか、それに触れられていなかった。それではつまらないという読者の声が聞こえてくるようであった。

情報の整理や羅列は伊藤の著作では関心が持たれないことを、私もまた理解することができた。それぞれの著者には読者が期待する要素があり、それがないと読者は離れていくことが、私にもわかるようになったのである。これは私にとって大きな財産となった。


「心が一向に働かない」

ある時、渋谷の街で伊藤と偶然出会った。「会社に来るか」と誘われ、伊藤が顧問をしている東急の伊藤の部屋に赴いたことがあった。顧問だから部屋には誰もいない。そこで雑談をしたのだが、伊藤は「ビジネスマンの生活はしたことがない」と言い、「君はどうか」

と尋ねてきた。

私が、大学を出て電通PRセンターに勤めたことがあると話すと、伊藤はきちんとした会社で社会的ルールを身につけるのは大切だと言い、「政治の世界でこういうルールに欠けているのが田中の角サンだよ」と話を、嫌いな政治家の、嫌いである所以《ゆえん》の説明につなげていった。

田中のような政治家は本来最も有能なはずなのに、そうならなかったのは、自身が性急に結論を求めるからだと伊藤は言った。

「政治の結論などは、焦ってはいけない。よく熟慮できるか否かで答えは違ってくる。実業もそれがはっきりしているんだな」

伊藤からそんな話を聞けたのは私にとって僥倖《ぎょうこう》であった。伊藤のそんなところが私は気に入っていた。

昭和四十年代から五十年代、そして六十年代の政治評論は、伊藤を抜きに語ることはできないと断言していいように私には思えるのである。

『自民党戦国史』に続く第二弾の『新・自民党戦国史』は、確かに売れなかったようだが、しかし私は面白く読んだ。伊藤としては大平亡き後の政局がどのように動くか、それを想定しつつの執筆だったから、興味は尽きなかったのである。

大平が入院先の病室で急死したのは、昭和五十五年六月十二日である。伊藤はその前日に、病室で一時間ほど今後どう対応するかの相談をしていた。大平は饒舌《じょうぜつ》だったという。それだけに伊藤は茫然《ぼうぜん》自失という状態になるのだが、その心理状態を「心が一向に働かない、という感じなのだ」と語っている。こういう表現が伊藤の持ち味なのだ。「悲しい」と言うより、自分の心が働いてくれないとの言い方の中に、はるかに深い感情がこめられている。

大平亡き後の宏池会の跡目争い、さらには後継者に座った鈴木善幸内閣、その背後に見え隠れする田中角栄の影。そういう分析が伊藤の鋭い感覚によってなされるわけだが、大平と伊藤との間では、宏池会の人物評でも一致しているところがあった。

政治的闘争と孫子の兵法

たとえば伊藤は、大平が入院中のベッドで、「あんなずるい男はいない」と鈴木善幸を酷評したことを紹介している。宏池会の次期指導者を仰ぐ経緯を見つつ、そして鈴木善幸内閣ができて、閣僚名簿を見た時に、伊藤はすぐにあることがわかった。先の書に次のように書いている。伊藤の政治的勘がいかに優れているか、ということとの表れでもある。

「私はこの鈴木内閣の閣僚のうち、各派に属さない無派閥中間派の閣僚をひろい出してみた。衆院から、奥野誠亮（法相）、渡辺美智雄（蔵相）、中川一郎（科学技術庁長官）の三人が出てきた。これを見て、私はやはり、『この組閣は玄人《くろうと》がつくったな』と直感した。奥野、渡辺、中川の三人を、素知らぬ顔で入閣させたのはこれら三人に深いつながりをもち、その上内閣人事の急所が中間無派閥の活用にあることを知っている者でなければ出来ないはずだ、と私は思い当たったからだ」

「玄人」、つまり田中角栄である。

組閣名簿はロッキード事件で被告の身にある田中がつくったのである。鈴木は田中の傀《かい》儡《らい》として内閣をつくったのだ。宏池会は鈴木によって田中の手中に落ちたのであった。伊藤の田中嫌いはつとに有名だから、伊藤のもとには情報や新しいニュースは入らなくなった。そこで伊藤は公式化された鈴木内閣の背景にある事実を基に、当事者たちの心理を探ることにした。情報をできるだけ公開し、その分析を基に伊藤は、自民党政治を倒して新しい政治力の結集をはかるべきだと主張した。

伊藤はそのような政治的勘を持ち合わせていることが自らの評論が受け入れられた理由だと自覚していた。自分のような形で政治評論を行う者が必要だとも考えるようになった。

私は物書きとして、一通りはどの社とも仕事をしたことがある。むろんある社とは肌合いは合うが、ある社とは合わないというのはよくあることだった。

ある時期、私は、プレジデント社の原孝、多田敏雄の両氏とはよく仕事を共にした。たまたま三人で話し合っている時に、伊藤の話が出た。

「うちで孫子の兵法について書いてくれないかな」と言う。私は「伊藤と相談してみたら」と勧めた。

私は取材の合間の雑談で、伊藤からよく兵法の話を聞かされた。意外なことに、伊藤は毛沢東の戦略論にも通じていて、この男の兵を動かす能力は天才じみていると賞賛の数々を聞かされた。

伊藤は政治も、人類が歴史上にくり返してきた戦争も、人間心理からみればみな同じようなものと考えているのかもしれなかった。人類はそんなには進歩していなくて、その時々の状況の中で同じようなことをくり返しているとの考えを持っているようでもあった。

「君は毛沢東は好きか」

「特別好きではありませんが――」

「この男はやはり天才だね。孫子の兵法を現代に甦《よみがえ》らせたんだな」

伊藤はそう激賞していた。

二人の編集者の説得に応じて、伊藤はプレジデント社から『自民党「孫子」―孫子理論による政治力学の解明』という書物を著した。政治的闘争では必ず孫子の法則が適用されるというのであった。伊藤は政争の中に人間が本能丸出しで戦う野獣性と、しかしそこになお戦略を持ち込むことで、戦いが美的に変化する闘争学をつくろうとしているかのようであった。

己の器以上の戦略は考えられない

伊藤は政治評論を行う時、あるいは宏池会の事務局長のような立場で政治の実践活動を進めている時に、常に相手の戦略を読み抜こうと必死になる。伊藤の話を聞いていて、最も大切なのは相手の人間的な器を正確に理解することだと気づく。私の理解になるのだが、人は己の器以上に戦略や戦術を考えることはできないのである。

伊藤は書いている。

「池田・佐藤の時代から、田中、三木、福田、そして大平の死を経て、中曽根・竹下時代へと続く過程が走馬燈のように走っていった。この道は敗戦から立ち直り経済的な独立への道である」

この移行の中で、伊藤が最も印象的だというのは、「池田・佐藤の時代から田中・中曽根の時代への移行」であったという。前者にはまだ国家的なものへの配慮があったというのである。ところが後者の時代になると、国家的なものへの配慮が失われていく感がするというのであった。

多分、伊藤の中には、一国を率いる人物は国士的な発想を少しでも持ち合わせていなければならないといった政治観があるためだろう。しかし田中、中曽根にはそれがないと言いたいのであろう。

伊藤は、自分はなぜ田中や中曽根を評価しないかを具体的に語り続けたと、自らの立場を明確にしている。このことを『自民党「孫子」』では面白い比喩を使って語っている。次のようにだ。引用しておこう。

「『この壺はいま五〇〇万円いたしますが、もう少したてば二倍の一〇〇〇万円には確実になります。いま買っても絶対に損にはなりません』。こういうウマイ話をもちかけられても、その壺がもともと五〇万円だった頃を知っている人なら、馬鹿々々しくて買う気にならぬはずだ」

こうした例を引いて、ロッキードの小佐野賢治やリクルートの江副浩正はためらうことなくこの壺を買い、その後で迷わずに何十倍もの値をつけ、別の素人に転売するタイプだというのである。

伊藤は、この壺を田中や中曽根にたとえるのだ。伊藤としては、とても買う気になれない。それどころか、「こんなものを買うと、あとでたいへんなことになる」と触れ歩いたと書いている。見知らぬ人からも、なぜそんなに悪く書くのか、と批判されたりしたというのである。つまるところ、田中はロッキードであのような状態になったと言い、「私はこれでホッとした」と言う。

アメリカとの「密約」的関係を指摘

そして中曽根康弘の政治姿勢に対しても疑念を書いている。これも歴史的には重要だと思う。私もこの言は直接に聞いたことがあり、やはり伊藤史観の軸になるので、前述の書『自民党「孫子」』から引用する。

「中曽根はロン・ヤス関係がうまく作動していると誇大に宣伝し、吉田以来の大宰相を自認したようだ。私はこれを『相手の意向を最大限に尊重し』『こちらはつねに最大限に義務を負う』関係ではないかと読んでいた。日本国民に『知らせないこと』で『アメリカ側に約束してしまったこと』がたくさんあるのではないか、という疑問である。SFXの開発問題や農産物の自由化はその適例で、これが中曽根後の政権の足元を揺るがす大問題になるということだ。こうした〝密約〟が今後もボロボロ出てこなければ幸いである」

これは、日米関係についてのきわめて今日的な認識でもある。実は伊藤はこのことを密かに財界人などに伝えていた。この点を伊藤は気にかけていたのである。戦略は人の器を見て練り直せ、といったことは、アメリカ側が巧みに用いていると伊藤は言いたかったのであろう。

伊藤は、指導者が個人的に親しいという関係は本来、ありえないと思っているようだ。単なる友人ならどのような約束をしようが、それは個人的関係である。しかし国と国の関係では友人関係はむしろ負の役割を果たすといってもいいのではないかということだろう。歴史から見ると、安易に喜ぶわけにはいかないと指摘している。

政治の読みは、伊藤の場合、かなり深いわけだが、実際に政治家と接していると、私たちとは異なった見方をしていることがわかる。これは伊藤が、首をひねって指摘していたのだが、日本の国民は政治的に未熟だよとくり返していた。むろん活字で書く時はひとひねりしていたが、たとえばその未熟さについて、

「良しと思えば簡単に信じ込み、悪しとなるととことん非難する。右に左に付和雷同して揺れ動くのは、どうしたことだろう」

と書いている。

このような国民を動かすのには、簡単な戦略を用いるだけでよく、いずれ自在に操れる存在になりうると権力者は思っているのではないかと指摘する。これも現在、私たちが深く吟味すべき言葉である。伊藤は左翼的なとりあえず耳当たりのいいヒューマニズム的言

辞は国民を表面的に喜ばすだけと思っているようでもあった。

伊藤はとくに資源などで決して恵まれているわけではない日本の生きる道は、二つの能力を活かすしかないと説いている。それは、科学技術を活かすことと、政治家の能力を高めること、というのだが、確かにそれは当たっていると思う。

「歴史に呼び出された」存在

もし現在、伊藤が存命していたなら、今の政治状況をどのように評するであろうか。

私は容易に想像できるのだが、まず伊藤はこの社会から国士的な空気が薄れたことを慨嘆するであろう。断っておくが、国士的な、という意味は右翼的な意味で用いているのではない。公の論理や倫理が著しく崩壊に向かっているのではないか、ということである。その怒りは池田勇人や大平正芳などが持っていたエネルギーが消滅してしまったという悔しさではないかと思えるのである。

伊藤は、その世代、経歴、立場のいずれをとっても確かに、いわばエリートである。満蒙開拓の先達の父親の影響を受けたのか、性格は太っ腹に見える。しかしその本心は緻密にして細心である。

ある時、伊藤と雑談の折、彼が天下の秀才たちの集まりである第一高等学校に入学した時の話になった。

「本当の秀才なんか同時代に十人か二十人だよ。ただ、一高に入ってよかったと思ったのは、そのうちの何人かがここに集まっていることなんだ。それは成績がいいということではない。歴史に呼び出されるというタイプだ。池田勇人は一高出身ではないが、歴史に呼び出された男だと思う」

こう伊藤は述懐したのである。

そして伊藤によれば、日中戦争時に歴史が白羽の矢を立て、お前にこの局面は任せたぞと指名した、「歴史に呼び出された」存在が、毛沢東だったというのである。そんな人物を相手にして勝つわけがなかったというのであった。

毛沢東の戦略は孫子とはしばしば対立した形をとるが、毛沢東は孫子の信奉者である。それなのになぜ、と伊藤は考える。たとえば孫子は何よりも速戦速決を尊ぶ。しかし毛沢東は抗日戦では持久戦を譲らなかった。

そこで伊藤は、なぜ毛沢東は孫子と対立しつつ、しかし孫子の兵法に学んだのかを考えたのだ。伊藤はクラウゼウィッツの『戦争論』を読むことで理解ができた。伊藤は書いている。

「『戦闘（戦術）における速決』は孫子の説くように、つねに正しいのだ。だが『戦略における速決』は必ずしも正しいとはいい切れないということだ。毛はこれを『戦略的には持久、戦術的には速決』の原則によって解決したのである」

戦略なき国家の悲劇

伊藤は東京帝大を卒業後、陸軍の主計将校となった。太平洋戦争の末期、中国の長沙で経理将校として軍籍に身を置いていた。太平洋戦争で負けているとの実感を味わったことはなかったというのであった。だがしかし日本は敗れた。この理由を知りたくて、日本に復員後、貪《むさぼ》るように毛沢東の著作を読んだ。そこであることがわかったというのであった。

アジアの戦後は、ある意味で毛沢東の分析通りになった。それは初めは、毛沢東の共産主義的な分析によると考えたが、何度も毛沢東の戦術を読み返しているうちに、その正しさは、結局は、「戦争による力の政治学」の分析が正しいということに伊藤は気づく。

そして自分のテーマは「戦争遂行を含む政治権力とは何か」に決めたという。軍事の上に政治があり、その政治の上に経済があるというのが、伊藤の実感である。そこで新聞記者、そして政治家の秘書という来歴を通じて、日本の政治のあり方に関心を持ったわけだが、その発想法は伊藤独自の形を取った。

孫子の軍事力についての構造を理解した上で、日中戦争下の毛沢東の攻略を確認し、そして「戦後の民主政治下における権力の移動」をつぶさに見ることにしたというのであった。その到達した地点で伊藤は、日本の政治の現実があまりにも成り行き主義だと言いたいのであろう。戦略なき国家の悲劇が戦前も戦後も続いていることになるのではないか。その結論は、日本は軍事思想を持たないのでその上の政治や経済が根無し草のように揺れていると見ることができる。

ところが、伊藤の考え方にはきわめて高度な逆転現象が含まれている。つまり、経済が不安定に揺れているのは、人が試される可能性の時だというのである。その時、伊藤はこの国の形がつくられていると見るのである。そしてそれにふさわしい人物を幾人か指摘しているが、「その人物のレベルをあげることが大切だ」ということになるのである。

生前に会った時は、その話をさして重要とは思わず、聞き流すがごときの態度を取ってしまい、しかし何年か経って、あるいはふと思い出すことがある時に、その人物の話を咀嚼《そしやく》している自分に気づいて愕然《がくぜん》とすることがある。

伊藤という人物、その話のひとつずつが、そのような形で私の記憶に収まっているのだ。たとえば『自民党戦国史』を著す時であったが、伊藤が田中角栄を嫌う理由に、田中が昭和四十七年に毛沢東と会見した折に、お互いに漢詩を交換したことがあるというのである。

伊藤によれば、この漢詩の内容が酷《ひど》すぎると財界人の間で問題になったそうだ。田中は漢詩の作法である韻を踏むこともなく、ただ漢字を並べ立てた程度であったという。伊藤はある財界人の名をあげ、彼は伊藤の元に憤懣《ふんまん》やるかたないといった状態で電話してきたという。

「おい、あれはなんだ、旧制中学、旧制高校を出ているなら漢文の素養があるからあんなもの書きやしない。国際社会に恥を示した」

その財界人は、そう激怒したそうだ。この人は頑固一徹の人だそうだから、伊藤はその怒りがわかったというのだ。同時に伊藤はこういう情報は華僑社会にすぐに流れることも知っていた。知的に馬鹿にされることにもなると案じていた。

「真実は細部に宿る」

この件については田中の章でも触れたが、周恩来と田中の会談の速記の一部が公開されている。それは外務省編で編まれて刊行されている。その書の中で、田中はきわめて乱暴な表現をもちいて、ソ連（当時）を批判している。

周恩来がソ連との対立という状態にあるということを率直に語るや、「日本としては、ソ連を信用していない」と田中は応じた。そしてなぜ信用できないかを説明していく。その中で、「ソ連は日本との間で不可侵条約を結んでいながら首つりの足を引っ張った」と品のない言い方で応じた。そして「日ソ中立条約」を「日ソ不可侵条約」と言い間違えている。

いずれも本来なら、外務省はもっと品の良い言葉で通訳したはずだ。一国の首相の言い分をこのように平気で記録に残すということは、田中を愚弄《ぐろう》することに通じていると私は考えている。

これらの事実は、外務省もまた田中角栄を馬鹿にしていることになるのではと私は考えてしまう。田中に対して心中では不満、不安が相当に大きかったのだろうとの推測ができる。

私がこのような判断、そして理解をするのは、見方は違うにしても、伊藤の折々の寸言の中からの発見があったと言ってよかった。伊藤の言はひとつひとつが記憶の底に沈んでいるのだが、時に浮上してきて私の中のある認識を補完したり、拡大するのであった。伊藤は、真実は細部に宿るという形を好む。

この宿るというのは、真実は細部にしがみつくことで逆に私たちに独特の教え方をしていると言ってもよいであろう。

前述したように伊藤は戦争に敗れることで、毛沢東の論文を熟読玩味して、そして独自の政治力学を学んだ。そうして毛沢東の戦術論を解析した。日本が毛沢東の中国に勝つには、飽くことのない戦術論を組み立てる以外になかったはずだ。しかしそのような発想を持った軍人は日本にはいなかった。

天は毛沢東を呼び出したのである。中国の歴史総体をお前に与えるから、抗日戦の教科書を作りなさい、と。しかし天は、太平洋戦争期に毛沢東ほどの歴史的使命を果たす人物を日本に与えなかった。伊藤に言わせるならば、その段階で日本の敗戦はすでに決まっていた。凡夫にはそれが気づかなかったのである。気づかないどころか、折り折りの軍事指導者は自らを優れた戦略家と錯覚して、旗を振ったというのである。

伊藤が好んで用いた「歴史に呼び出された」とか「天に使われる」といった人物は、危急時には必ずあらわれる。昭和という時代には、そういう人物が少なかったとの伊藤の述懐は、私には今なお新鮮な響きとして耳朶《じだ》に残っている。

第七章

後藤田正晴は「護憲」に何を託したのか

「護憲派」の政治家

この五〜六年、後藤田正晴が存命ならば、となんども思った。集団的自衛権、安保関連法、秘密保護法などの政治日程が微妙な時期に達するほど、後藤田の卓見に触れたい思いを持った。その口癖である「私は腰を抜かしたよ」という言を聞きたかった。

後藤田は、特に「私は」を「わしゃあ」というイントネーションで話すのだが、その口ぶりは毒がこもっていると自覚しているようでもあった。

いうまでもなく後藤田は護憲の政治家である。私はかつて（平成の初め）一年半ほど月に二回、後藤田の議員会館の部屋、自宅、それに個人事務所を訪ねて取材を続け、この官僚政治家の評伝を書いたことがある（『後藤田正晴―異色官僚政治家の軌跡』、文藝春秋）。刊行は平成五（一九九三）年であった。この刊行時に後藤田との間で小さなもめごとがあり、それを克服してからはきわめて胸襟を開いて話せる間柄になった。とくに予定もなく事務所を訪ねても時間を割いてくれるようになり、後藤田も歴史好きのところがあり、二人で何度か歴史談議を交わした。そんな時に後藤田からよく本音を聞かされた。

「今日、国会を歩いていると社会党の女性議員数人とすれ違ったよ。そしたら彼女たち、わしに何と言ったと思う。先生、わが党の委員長になってくださいよ。先生は護憲派なんだから……」

と後藤田は苦笑とも微笑ともいえぬ表情でつぶやいた。またある時は、

「今日の総務会でわしゃあ腰を抜かしたよ」

とあきれた表情で洩らしたこともあった。西日本のある代議士の名を挙げ、「君ぐらいの年齢だと思うんだが……」と言って、その人物が次のように語ったというのである。

「我々の世代には戦争責任はない。戦争責任は戦争を行った世代にあり、我々はそんな責任に囚われることはない」

後藤田が、腰を抜かしたと驚きの表現で語ったのは、こんな歴史観の持ち主が我が党にもいるのだと改めて確認したからである。後藤田の予言どおり、というべきだが、その後、この代議士の政治・歴史への立ち位置を聞いていると、いわゆるタカ派の主張を常に代弁していて、私には興味深かったのである。

なぜ後藤田は護憲だったのか。それは戦場に赴いた世代の共通の感情を土台にしていたからだと思う。

前述の書に、私は、後藤田の戦争観を次のように書いた。

「後藤田には後藤田なりの戦争観があった。戦争のあの愚劣さは、決してくり返してはならない、もう二度とあのような体験はしたくない、との覚悟を固めていた。後藤田と会話

を交わすと、そうした覚悟がはっきり見てとれる」

わしの目の黒いうちは憲法改正は許さない、との信念も語っていた。軍事が政治のコントロールを踏み外して暴走を続けるなら、とんでもない事態になる、と何度も口にしていた。中曽根康弘内閣の官房長官として、後藤田はこの内閣の軍事への傾斜をたしなめる側にいて、その種の発言を続けた。たとえばＰＫＯへの自衛隊出動にも一定の歯止めをかけて、軍事を政治のコントロール下に置くことを実現させている。

「わしは自伝や評伝なんか信用しとらん」

官房長官としての後藤田が、日本の国防方針や国際社会での軍事協力について、孤塁を守る形で自説を貫いたのは昭和六十二年十月のことであった。そのころイラン・イラク戦争によってペルシャ湾にはイランが敷設した機雷が無数にあり、そのために各国のタンカー船の触雷事故が相次いだ。しかも、この海域を遊弋《ゆうよく》中のアメリカ軍艇隊にイランが攻撃を仕掛けることもあった。するとアメリカ政府は、日本政府に具体的な行動をとってほしいと要求してきたのである。

そこでペルシャ湾の安全航行確保と称して、中曽根首相や外務省は海上自衛隊の機雷掃海艇や海上保安庁の巡視船の派遣などを企図したが、それはむろん国際社会での政治的発言の強化を考えたためであった。「日本を不沈空母にする」との中曽根発言の延長にある政策であった。

こうした動きに後藤田は猛然と反発した。

「交戦海域に海上自衛隊を派遣することは許されるというのか」との考えを明かしたのである。

私の取材でも、後藤田はこの時の感情をなかなか語らなかった。当時の新聞によると、「どのような形であれ、海外に出て武力行使につながる可能性のある対応はとるべきではない。非軍事の分野に限るべきだ」と中曽根に詰めよったとある。これはのちに後藤田がこっそり洩らしたのだが、もし閣議に海上自衛隊の派遣などの法案が提出されても、私は決して署名しない、と伝えたというのである。

こういう後藤田の態度を、私は集団的自衛権論議の時に何度も思い出した。この時代にはひとりの「後藤田」もいないのか、というのが私のつぶやきであった。戦争を知らない世代になれば自衛隊派遣が当然という時代になるだろうな、とも後藤田は話していて、私もその憂いを共にしたのである。そういう共有感覚があったためか、前述の総務会での中堅代議士の暴言（戦争責任なんか知らないよといわんばかりの内容）にあきれたとの言を聞かされたのであった。

後藤田は東京帝国大学法学部を卒業して、高等文官試験に合格し内務省に入省している(昭和十四年)。一年ほど内務省に身を置いたのち徴用され、昭和十五年四月、台湾歩兵第二連隊に二等兵で入隊している。その後、陸軍経理学校で学び主計将校として、そして台湾司令部に将校として身を置いた。太平洋戦争の期間にはこの司令部に在籍していて、司令官に仕えていた。

そのころの記憶を質《ただ》している時に、後藤田が語った。

「戦争末期になると中国に駐屯していた部隊が台湾を経て南方に投入されていったが、中国にいた部隊はどうしてあれほど荒っぽくなるのかと内心で不思議に思っていたよ」

その荒っぽさも具体的に語ったが、後藤田によれば台湾では暴行事件なども起こったというのだ。

私が出版社の役員と後藤田を訪ねて、「あなたは警察庁長官まで上りつめたのに、その個人的心情は戦争に対する怒りが深く、ＰＫＯへの取り組みや海上自衛隊の派遣反対に対する信念がどこから生まれたのか、それを評伝という形で書きたい。取材に協力してほしい」と申し出た時に、後藤田はにべもなく、

「わしは自伝や評伝なんか信用しとらんよ。そんなもの書いてほしくない」

と首を横に振った。再三申し出るも態度は変わらない。

ところが雑談の折に、台湾司令部の話になった。私は、蔣介石の次男蔣緯国を台北の三軍大学の学長室でなんどか取材し、日中戦争の内幕を確かめた体験を持つ。蔣緯国は自らの部屋で、「この建物はあなたの国の台湾司令部だったところですよ。この部屋に司令官がいたんでしょうね」と皮肉な表情になった。その話を紹介しながらかつての台湾司令部の内部がどうなっているか、その現状をなにげなく語った。後藤田は私に興味を持ったらしく、すぐに秘書の河野を呼んで、「彼の取材を受けるから日程を組んでくれ」と命じた。

その決断に私は驚いた。一年半近く、月に二回会って話を聞くのは楽しいひとときだった。自民党の副総裁という立場だったと思うが、私の質問にはすべて丁寧に答えてくれた。東京・広尾にある自宅も訪ねたことがあり、夫人とも顔見知りになった。そして私は千枚近くの評伝を書いたのである。

後藤田から事前に読ませてほしいと言われ、私はその胸中を描写した部分は、諒解も必要だったので見せた。しかしそれ以外は事前に見せなかった。後藤田は新聞はともかく、雑誌や書籍などの自らに関わる原稿は事前に読んでいるらしく、見るのを当然と考えている節もあった。しかし私はその要求を、「それは検閲ですよ」と言って全面的には受け入れなかったのである。

単行本が刊行されたのは平成五年九月で、その日の夕方、後藤田の議員会館に届けた。

翌日の早朝（午前六時過ぎ）、後藤田から電話が入った。激高している口ぶりである。

「君、なんだこの本は。文学的に書きすぎている。僕はこんなにやわな人間ではない」

いくつか書き直してくれ、と言うのであった。私は、先生は取材に応じて書く側に任せた以上、どのような本になろうともそれは仕方のないことだと応じ、平行線のやりとりを続けた。後藤田は自らの「カミソリ」とか「強いイメージ」が崩れるのを恐れていることがわかった。

電話は気まずい雰囲気で終わった。私は、後藤田とはこれで終わりか、という思いを持った。

確かにこの評伝の冒頭は、「寂として物音ひとつしない」という書き出しで、徳島の剣山地の描写から入り、ここで父の遺体を町の病院から自宅に運ぶ様子を七歳の少年がどのように見守ったか、その心情を説き明かした。後藤田はそういう描写自体が文学的だと言うのである。

一週間後、後藤田のパーティーが開かれる予定になっていた。私も出席の返事を出している。気が重く、しかし出席だけはと考えて顔を出した。会場に入ると、夫人が近づいてきた。

「保阪さん、本当にありがとう。血も涙もないと思われている後藤田を人間的に書いていただいてありがとう」

夫人はなんども頭を下げる。私は恐縮してしまった。会場では後藤田が近づいてきて、右手を上げて、「やあ」といつものポーズをとる。後藤田は夫人の説得を受けいれたようであった。私が後藤田と自由に、そして後藤田も私のどのような言にも耳を傾ける関係になったのはこの時からであった。

「歴史の中に解答はある」という信念

ある時帰宅すると、妻が涙目になっている。後藤田から私がいるかと電話があり、「不在」と告げると、妻に「保阪君のような仕事は奥さんの支援がなければ続かないはずだ」と励ましたというのだ。保阪君の仕事は奥さんとの合作だと、私は思っているとまで言ったそうだ。後藤田は確かにこういう目配りができるタイプだったのである。

その折、二〇〇〇年頃だが、後藤田のことは中国の要人もあまり知らないので、何か評伝のような書籍があるなら翻訳したい、との中国側からの申し出があったそうだ。後藤田は私の評伝を推した。そして中国側から私のもとに、原作者として中国への招待が来た。その時に、「私は共産主義に批判的なのですが、それでもいいでしょうか」と後藤田に相談した。この時のことは後で詳述するが、後藤田が次のように答えたのが今も印象に残っている。

「共産主義に賛成とか反対で中国を見ていたら、国際社会はわからないよ。これからは、そんな時代ではなくなる。とにかくいちど行って見てくるといい」

後藤田の机の上には、いつも政治学、文明論、そして歴史書が必ず五、六冊は積んであった。それらを毎日丁寧に読み進めるというのだが、時に私も読んだ書があると、二人で読書論を交わしたりもした。後藤田は知的な興味を失わないように努めていた。「アメリカの政治学者より、ヨーロッパの政治学者の書籍のほうが内容が濃いように思う。それだけ歴史の重みというのが異なっているからだろうね」と、くり返し語っていたのが印象的であった。

後藤田は、政治家として難問にぶつかると必ず歴史上の出来事を想定して考えを煮つめていくようであった。「歴史の中に解答はある」というのが信念であったのかもしれない。

ある時電話がかかってきて、第一次世界大戦の終結時（一九一八年）に、日本ではどういう形で国内法的な決着がついたか知りたいのだが、と言い、参謀本部や軍令部はどういう法律のもとで軍事上の動きを止めたのか、それを調べていると言う。すでに現役の代議士でないのに、そういうケーススタディーを研究しようとしていることに驚いた。

私は防衛庁（現在は省）の防衛研究所戦史部に赴いて、そのようなケースについて調べた。むろん後藤田からの依頼だとは言わない。実はそのことは私にもおおいに勉強になったのである。

後藤田は、政府の政治行動がどのように過去の英知を生かすべきかを考えていたのである。そういう生真面目な元政治家を持っていないのは現代日本の不幸かもしれない。

後藤田発言の重さに、私は改めて思いを馳《は》せ続けているのである。

「とにかくと戦争はいかん」

私は、後藤田正晴との出合いで多くの知識、情報、人脈などを得た。

このような言い方が許されるなら、私は後藤田から自由に出入りが認められたといってもいいように思う。東京・麹町に後藤田の事務所はあったが、代議士の肩書を外れたあとはこの事務所で面会希望者と会っていた。むろんそんなに頻繁に行くわけではない。月に一度か二度であった。

そんな時はだいたい形が決まっていた。

「おう元気か。今月の文藝春秋の記事、読んだよ」といった挨拶から始まった。机には政治の専門書などが積んであり、

「この本、読んだか」「読みました。面白い視点ですよね」「そうだな。いろいろ気づかされるな」

といった具合である。こういう会話の折に、私は後藤田が次代に何を託しているか、次

第に理解ができた。

「あんな戦争を体験した国が、軍事に傾くようでは何をかいわんやということだね。とにかくと戦争はいかん」

という言葉はなんども聞いた。同時に、

「わしの目の黒いうちは憲法に手を付けさせない」

とも言った。この二つの言葉は執拗にくり返された。

私はそれは信念というより、世代的な確信だということがわかった。この確信を、時に私は託されていると思った。改めて後藤田と思い出話を行う時に、私は「先生は総理大臣になっておけばよかったのに」となんどか話題を振った。

そういう時もさして未練もなく、あっさりと答える。いつも同じ答えだった。拙著の中でも書いたのだが、「私には原則があるから」と前置きして、次のように話すのである。

「三つの理由で、私は総理大臣になるべきでないと考えていた。第一が、私の年齢の者は出るべきでないこと、第二が、竹下派は遠慮すべきであること、第三が、世代交代を進める時期であること、といったところだね。一般論になるけれど、総理大臣は六十歳前後がいいと思う。私は官房長官として官邸が長かったから、総理大臣の疲れ方というのはよく見ていた。ああいう疲れ方というのは体にも悪い。私は当時体調が悪かったし――」

後藤田のこうした発言は、実は歴史的な意味があると私は考えている。この頃の後藤田の健康状態はどん底であった。糖尿病との闘いの日々であった。甥の経営する病院に入院する予定になっていた。今後はインシュリンを注射する生活が続くということも示唆されていた。

平成の政変のキーパーソン

政治改革法案の通過など関連法案の国会改革を含めての信を問う総選挙は、平成五（一九九三）年七月に行われた。この選挙で絶対多数を占めた政党はなく、自民党が比較第一党になった。宮沢内閣の不信任案が可決された後は、自民党が割れ、小沢一郎、渡部恒三ら三十六人は自民党を脱党して新生党をつくった。このグループに、後藤田は関心を示さなかった。竹下派が党内汚染の因であることを引きずる政党になるのではと考えたからである。

一方で武村正義らのグループは、新党さきがけをつくり、後藤田に支援を要請してきたのである。武村は自治省出身で、政治改革にもっとも具体案を持っていた。私はこの稿を書き進めながら振り返っているのだが、後藤田は「さきがけの連中は十人ほどだが、優秀な政治家だよ。いずれも将来有望だ」と何度か口にしていた。このメンバーを機会があれば紹介しようと言ってもいた。

新生党、新党さきがけ、そして細川護熙の日本新党などの政党が乱立しての総選挙は、前述のように自民党の絶対多数を許さなかった。後藤田は自民党の副総裁であり、閣僚でもあったから、公式な発言は控えていたにせよ、内心では自民党時代の終焉《しゅうえん》を予期していたと言っても良かった。

総選挙の結果は政局の再編成という形になるわけだが、自民か非自民か、が争点になった。自民党の中には政調会長の三塚博のように後藤田を総理にして日本新党やさきがけを糾合して救国大連合政権を作ろうとの案が、後藤田の了解もなしに論じられたりした。とにかく後藤田を自民党の総裁にして、政権の維持を図ろうとしていたのである。だが後藤田にはまったくその気がなかった。

こういう裏事情を書くのには意味がある。昭和三十年に五五年体制ができてから三十八年間、日本ではこのシステムが続いていた。それはこの時に瓦解していくわけだが、平成五年は昭和の政治が終焉を迎えて平成の政治が始まった時と言ってもいい。

その時のキーパーソンが後藤田だったのである。従ってこの時の後藤田の心中は歴史的な意味を持っていると私は考えている。その心情を私は理解していたと思う。それ故に平成議会史の一環としても記録しておきたいのである。私と後藤田は次のようなやりとりを行った。

「昭和二十年四月に誕生した鈴木貫太郎内閣は、終戦を目指した内閣ですが、このとき鈴木さんは七十九歳でした。先生と同じ年齢です。昭和天皇から、鈴木、頼んだよと言われて引き受けたと言われています。先生も有権者から、頼んだよと言われる状況だったように思うんですが——」

「君が二人目だよ。鈴木さんの例をひいて総理になれよ、年齢も同じだと言ってね。歴史に詳しいとそう言いたくなるんだな。だけどそれは違うんだ。あの時は敗戦を認めてどう終戦に持っていくかという大変な時代だよ。今のようなだらしない政局とはわけが違うんだ。命を賭けるに値するかということだね」

「新しい政治状況ですから、先生の歴史観が意味を持つと思うんですが」

自民党の政治家に愛想づかし

後藤田は苦笑いを浮かべて首を振った。年寄りが出て行ってさしあたりの事態を収拾するという点では似ているが、客観情勢が違いすぎるよ、と言うのであった。あの時は国難だったが、今は違うよとも言った。

「国難ではなく、自民党の党難に過ぎないというわけですね」

「そうそう。そのとおりだよ」

と頷《うなず》いた。これは私の今に続く推測になるのだが、この頃は権力に恬淡《てんたん》としていたにせよ、政治家である以上、首相になりたくないと考えることなどあり得ない。しかし後藤田はこの頃の自民党の政治家レベルに愛想づかしをしていたように思う。政治改革に鈍感で、派閥意識でしかものを見ない。五五年体制を守ることが目的で、権力を手放したくないの一点で、自民党を動かそうとしている連中に、後藤田は心底からの怒りを持っていたように思う。

もしあの時に自民党の改革派、日本新党、新党さきがけ、社会党の改革派が新たな政治状況を作ったならば、後藤田は間違いなく受けて立ったのではないかと思う。「鈴木貫太郎」になる気はあったと私は考えているのである。自民党の金権腐敗体質を根本的に改めて議会政治を活発にする、つまり与野党はよく議論をし、そして哲学的な点を含めての活性化を望んでいると、後藤田は言うのであった。

「私は率直に言って、昭和四十九年の参議院選挙で大失敗をやった。その反省が原点だったんだ。金権選挙、金権政治を克服するのが自分の役目だと肝に銘じてきた。そのためなら命を失うつもりはあるんだ」

私は、後藤田と膝を突き合わせて会話を交わすようになって、この時のことが特に印象に残っているのは、東京・広尾にある後藤田の自宅での会話だったからだ。後藤田は私服でじっくりと胸中を明かしたのである。

後藤田夫人は家庭を守る賢夫人という感じであったが、後藤田との会話はまさに信頼しあっている夫婦という印象であった。自宅でゆっくりとくつろぐ後藤田の顔は外では決して見られない表情であった。そこでの会話は後藤田の本音がたっぷりと含まれていた。

夫人は夫の体調を気づかい、要職に就いての激務を案じていたのが印象的であった。もし後藤田が乞われるままに総理大臣になったとしたら、夫人は心の休まる日がないだろうと私にも思えた。ただ歴史の上では、後藤田と同じ七十九歳の鈴木貫太郎が内閣を組織し、昭和天皇の意を受けて戦争終結を済ませ、軍人を抑えて、政治が軍事を支配した形を作ったことには意義があった。わかりやすい言い方をするならば、鈴木は天皇とともに統帥権干犯に振り回された昭和の戦争に終止符を打ったのである。国家存亡の危機を七十九歳の老人が救ったのであった。一方、平成の議会政治の混乱を七十九歳の老人が救うには、あまりにも多くの無理があったということになろう。

内務省地方局出身という核

後藤田と会話を交わしていて、あえて二つの歴史上の核がこめられていることに私は気づいていた。一つは、内務省出身者といっても、育った畑が違うと考え方が異なるとの確認であった。もう一つは、次代の者を見つめる目の独自性であった。

この二つの見方は、後藤田によって初めて教えられた。そのことを説明しておきたい。初めの核というのは、後藤田に限らず内務省の出身者はよく、「私は地方局畑育ちだから」といった言い方をする。初めは私もその意味がわからなかったが、次第に納得できた。内務省出身者には、地方局育ちと警保局育ちがいる。

地方局育ちは当時のシステムでは、最終的には官選の知事になる。つまり国民の民生全般に目を向ける官僚として育っていく。これに対して、警保局育ちは特別高等警察（特高）を動かしていくのだが、国民生活を治安維持という目で見ていく。治安維持法を基に、国民を弾圧することが主要な仕事である。

その結果、警保局育ちは常に国民の思想、生活などの監視、そして取り締まりをすぐに口にする。戦後の自民党の極右グループで治安維持を主張し、思想弾圧を考えるのは大体がこの連中だ。昭和史の思想弾圧の実態を見ていくと、責任者として彼らの名前が浮かび上がってくることは珍しくない。名前はあげないにせよ、私はその度に、なるほど雀百までだなと呟《つぶや》くのである。

後藤田は地方局育ちだが、戦後の民主主義体制に適応していくのはそうした組織上の体質を背負っていることも大きいということが私はわかった。ちなみに、後藤田を私淑している武村正義もこの畑育ちであった。

私は、内務省警保局育ちの政治家には不信感を持つが、それはいつまでたっても国民を不信の目で見ることへの嫌悪感である。

付け加えておけば、後藤田は戦後は自治省などを経て警察庁に移っている。昭和四十年代の学生運動を始め労働運動が熾烈化した時、後藤田は治安対策に当たったが、そこでは確かに一線を画していた。つまり後藤田の言を借りるなら、「思想は自由である。どんなことがあっても思想では逮捕しない。ただし現行法規に違反するなら容赦無く逮捕する」という姿勢であった。

私は戦後民主主義体制での治安は地方局畑の官僚に担われたことに、この国の深部での歴史の動きに相応の戦いがあったのだなと推測することができた。

後藤田の「リーダーの世代論」

前述の二つの核のうち、二つ目となるのだが、次代の者を見つめる目について、後藤田は独自の視点を教えてくれた。

私は後藤田とは五十代、六十代初めまでの交流であった。その時に聞かされた人生観は、いずれも深く頷けることばかりで、その後の私の生き方に役立つことが多かった。

「君、自分たちの時代から次の時代への指導者はどういうタイプがなるのか、尺度というものがあると思うか」

と尋ねられたことがあった。私はそういうことをあまり考えたことはなかった。そして後藤田が語った内容は、私にとって重い教訓になった。わかりやすく説明すると次のようになるのであった。

自分の年齢に十六を足す、あるいは引くという原則を持つということだ。たとえば後藤田は大正三（一九一四）年生まれだが、自分より上では一八九八年、一八八二年生まれの人物が身近に接することのできる指導者だという。もっと具体的にいうと一八九八年生まれの世代の直系の後継者、そして一八八二年生まれの世代には次代の後継者として期待される器になれということなのであろう。ちなみに一八九八年は明治三十一年、一八八二年は明治十五年生まれである。

この頃生まれの内務省の官僚を調べてみると、意外にも後藤田が私淑した人物がいたのかもしれない。

私が、「後藤田さんから見て、次の時代を担うと期待できる政治家とは誰ですか」との質問を発した時にある人物の名を挙げた。その理由として、

「私より三十二歳下になるからね」

と言った。後藤田式の後継者像は、一九三〇年、四六年、六二年生まれといったところの人物名が挙がるわけだが、つまり昭和五年、昭和二十一年、昭和三十七年生まれが、後藤田の年齢からいうと次代を託する世代になるわけだ。むろんたとえば昭和二十一年といっても、その前後の世代をさすことになる。

後藤田のこの考え方は官僚出身の彼なりの原則だといってもいいのであろう。後藤田が期待している政治家は大体がこれらの年代に前後していたのが印象的であった。

私は後藤田の意外な一面を見たと思った。

日中友好会館代表としての後藤田

後藤田が政界から身を引いたのは、平成八年十月の総選挙への出馬を断念したからであった。すでに八十三歳だから、政治活動は無理でもあった。しかし政界の御意見番といった立場で自身の見解を求められることが多くなった。東京・麴町の事務所には政治家、官僚、新聞、テレビ関係者などの来客が引きもきらなかった。

私も時々訪ねては談笑する機会が与えられた。そんな時に後藤田の笑顔が屈託無く、そして冗談を言うことが増えていくのがわかった。それまで話したことのない話題も交わした。思い出話もあった。

二つほど今も私の記憶に残っている話を記しておくと、ある政治家の名を挙げ、彼の歩き方を知っているか、と尋ねる。むろん私は知らない。すると後藤田は、その代議士が右肩を下げて歩く癖を指摘する。

「つまりだな、彼は角さんから選挙資金を派閥内のメンバーにくばる役を与えられている。それで事務所などで渡すわけだな。彼はテーブルにお金を積んで渡すのが苦手なんだ。普通にこうして話をしていて、右手で札束を握り、テーブルの下でその札束を相手に渡そうとする。当然右肩が下がるだろう。それが日常生活にも出てくるわけなんだ」

こう話して、後藤田は笑った。

やはりある政治家の名を挙げ、彼はなぜ他の政治家に信用されないか、を教えてくれた。その男の「最大の欠陥は、長幼の日本的礼儀がないからだよ。日本社会は政治的権力がどれほどあってもそこに年長者への尊崇の念がなければ人はついてこない、彼は権力の味に酔いしれたんだね」と突き放した。私はそのような話をいくつも聴きながら、後藤田の人間性の骨格に何があるかを知っていった。

政治家をやめてからの後藤田の肩書のひとつに、日中友好会館の代表があった。小石川後楽園の隣にある友好会館にも時に顔を出していた。前述したように、ある時後藤田から電話があり、話があるというので私はすぐに飛んでいった。

「中国から、私について知りたいといってきた。どの本を訳せばいいだろうかというんだな。それで君の本を訳せばいいと言っておいたよ。あちらから連絡があるから相談してくれないか」

と言うのである。私に異存はない。ただこういう場合、著作権者の私はかまわないにせよ、出版権は版元が持っているので交渉をしなければならなかった。結局、日中友好関係を大切にするということから、出版権、著作権もほとんど経済的な関係を抜きにして、この出版事業は進んだ。

後藤田の勧めで結成された保阪訪中使節団

翻訳に当たった王泰平さんは日常的に私の元に連絡してきて、この部分の意味はこういうことですかという具合に文意を丹念に確かめていた。出版は新華社の出版部であり、私も緊張してこの翻訳の手助けを続けたのであった。この本づくりには一年余の時間を要したが、私にとっては随分と勉強になった。

後藤田は中国に対して独自の考えを持っていた。かつての日本軍国主義による侵略の実態については自ら承知している。しかしそれを言挙げしない代わりに、内心では怒りに似た感情を持っていた。

この翻訳書が刊行された折、私は中国側から招待を受けた。

条件は時間が許せば中国全体を見て回らないか、何人かの友人たちを連れて来ていいと言うのであった。私は後藤田に相談したのだが、共産中国はどうしても批判的に見てしまうと言うと、後藤田は笑いながら、中国をそんな目で見る時代じゃないよ、実際に見て判断する方がいい、ぜひ見てこい、と勧める。前述したように、こうしたやりとりがあって、私は招待に甘えることになった。

共同通信、文藝春秋、講談社、中央公論新社の親しい友人四人を団員に、保阪使節団をつくり中国東北部（旧満州）を十日ほどかけて回ることになった。出発の二、三日前に、後藤田に全員を連れて挨拶に赴いた折に、後藤田は声を潜めて、「君はいい友を持ってるね」と呟いた。

後藤田はすぐに友人たちの性格を見抜いたようで、私は嬉しく思った。

後藤田の言葉は常に有効な時に、的確な言葉が吐かれる点に特徴がある。私は後藤田のためなら一肌脱ぐのは厭《いと》わないとの心境になった。

保阪使節団は、一九九九年の秋に中国を旅したのだが、中国では破格の扱いだったように思う。むろん後藤田の推薦があったからだが、北京空港での貴賓室で、中日友好協会の幹部である王効賢から歓迎の辞を受けた。彼女が最初に言ったのは、これから東北部を回るにあたり、言動に注意されたしとのことであった。

私たちの言動は一個人のそれではなく、中日友好宣言の精神にもとづいているとの確認でもあった。私たちはその精神を諒としていたので、特に不安はないと伝えた。

王効賢の日本語は滑らかで耳に気持ちよく響いた。私はこれほど綺麗な日本語を久しく聞いたことはなかった。一九七二年に周恩来総理と田中角栄首相の通訳を務めたと聞いたが、確かにその言葉の響きは会談の雰囲気を和らげる役割を果たしたと、私には思えた。

十日間ほどの視察旅行は、私たちに多くの知識を与えた。いくつもの思い出がある。

それまで私は日中戦争については、国民党の側から見ていた。日中戦争は国民党の戦争と思い、その実態を見て来たのだが、私自身、考え違いをしていることがわかった。どういうことか。戦争の犠牲者は国民党だろうが、共産党だろうが関係ない。日本軍国主義の犠牲になったのは、まさに中国の庶民だったのである。ハルビン、長春などで肉親を日本兵に殺害されたというケースを数多く聞いた。

同時に黒竜江省の奥にまでバスで赴いたのだが、日本軍がこんな山奥にまで侵略したのかと言いたくなるほど入り込んでいたのには驚いた。強制連行で日本に連れて来られた老人に会いたいと申し出たところ、実際に山奥から老人を連れて来た。彼の証言からは、それまで書物の上だけだった、いわゆる日本軍国主義の非道さの実態を教えられた。

この使節団の責任者として、大連での最後の日の宴で私は率直に歴史をくり返すべきではないと述べた。一方、遼寧省の省長や副省長などの幹部が、この中に近代経済学の学徒はいないかと問うたのには驚いた。ケインズを論じたいのだが、と言うのである。

帰国後、私は後藤田を事務所に訪ね、報告を兼ねて感想を伝えた。後藤田は教条的な謝罪ではなく、それぞれが自分なりに中国像を深めたことを喜んでくれた。

野坂昭如からの電話

後藤田の評伝を書く時に、故郷の徳島の山奥に行き、後藤田の実家、住んでいた村の中をのんびりと歩いて回った。

私は近代の日本社会が人材面での強みを発揮したのは、どんな田舎からでも有能であれば中央で活躍できる場が与えられたことだと思う。そういうことを話しあっている折に、後藤田が言った。

「そこだな。つまり日本には地方に有為な人材は数多くいたと思うけれど、結局は東京に出てくるか否かが運命の分かれ目だったんだと思う。東京に出てくるのも勇気がいったはずさ。そこが分かれ目だといっていい」

私には印象深い言葉であった。

平成の十年ごろだっただろうか、朝早く、といっても午前八時半ごろだが、作家の野坂昭如《あきゆき》から突然電話が入った。会合で一緒だったことはあるが、直接の面識はなかった。要件というのは、今度毎日新聞で後藤田について連載するんだが、君の本を参考にさせてもらいたいというのだった。むろん私に異論はない。

すると野坂は、後藤田さんは登山型か、それとも海を泳ぐ派か、どちらだと思うか、というのであった。面白い発想をするなあと私は感心した。野坂さんはどちらと思いますか、と逆に尋ねると、いや自分もわからないんだが、登山型と思えば大海を泳いで渡るタイプの面もあるし……と言うのである。

私は結局わからないという以外に答えはなかった。実際に連載が始まると、野坂は後藤田の取材では、自らも政治家だったためか、取材というより議論になったようだ。

ある時、私が事務所に後藤田を訪ねると、不快そうに「野坂はくだらんことを聞く」と怒っていた。後藤田の話では、野坂は後藤田の護憲姿勢やリベラルな体質が充分に納得できなかったようで、戦前、戦時下の官僚政治への不満を披瀝《ひれき》したようであった。後藤田にすれば、野坂の論は先入観にもとづいていると不快のようであった。

野坂の父親はやはり内務省の大先輩だから会ったにもかかわらず、野坂は父親への不満があり、それを自分にぶつけたのかもしれないと後藤田は感じているようであった。野坂の取材の経緯は私は知らないが、その後野坂自身は何度か電話をくれた。内務省の役人を書くのは難しいと洩《も》らす口ぶりを私は覚えている。

毎年冬にさしかかる頃、野坂は新潟から新米を送ってくるようになった。私も家族もそれを楽しみにしていた。その度に礼状を書くのが私の家族の慣例となった。しかし野坂が二〇〇三年に脳梗塞で倒れてから、新米は途絶えた。野坂自身がこの新米の刈り入れなどを行っていたのだろうかと、私は改めて感じた。後藤田を通じて、私は野坂とこのような付き合いができたことが嬉しかった。

後藤田が栄達のポストに達するのに登山で行くのか、それとも泳いで行くのか、この問いは私には興味があった。私は後藤田は自らに与えられた仕事を深みをもってこなして行く能力において秀でた才能があると思う。特に自らの仕事の枠内にとどまるのではなく、それが国家にとってどのような位置づけなのかを確認する能力に優れた能力を持っているのではないかと私には思えた。

ある時の雑談で、後藤田はこんな話をしたことがある。自分には親しい新聞記者が、五人か六人いるという。A社に二人、B社、C社、D社にそれぞれ一人ずついるともいうのだ。いわば気を許した記者たちということになるのであろう。そして次のように話した。

「どの記者にこの情報を流せば、明日の朝刊のどの面にどういうふうに出るかがわかるようになったよ。官房長官として見ていたからだろうが、記者というのは因果な商売だと思ったね。同時にこの五人の記者には常に正確な情報を伝えた」

そういう話をする時の後藤田は、最後は人間と人間の信頼だよ、と言い、たとえば旧制水戸高校時代の同級生の鈴木文四郎は朝日の記者になったけれど、彼の書く記事は終生信用していたと洩らしていた。そういう律儀さが大切だ、それもまた私の人生観だと言っているようであった。私はそういう後藤田の一途さが人生の柱になっているとも理解できた。

社会的責任への後藤田の意識

後藤田が亡くなったのは二〇〇五年九月十九日である。検査入院をすると聞いていた。その日が過ぎた頃に事務所に連絡を入れた。会う予定になっていたからだった。しかし女性秘書の返事がおかしい。検査をしたらどこか悪いところがあったんだろうと思い、しばらくのちに連絡をすればいいと思っていた。

というのは、亡くなる一ヵ月ほど前に事務所を訪ねた時に、女性秘書が「先生は糖尿病でもあり、検査をよく受けるんです」と話していたからだ。後藤田は自らの健康を守ることで政治的発言も可能であり、健康でないのに社会に向けて発言するのは不謹慎だとの考えを持っているかのようであった。さらに月に一度は脳波の検査を受けているともいうのであった。認知症や記憶が曖昧になっているのに政治的発言をすることがあってはならないというのが、後藤田の考えでもあるかのようであった。

後藤田はそういう意味では、社会的な責任を強く意識していた。

もっとも月に一度の脳波検査を受けるというのは、あるいは認知症の軽い段階とでも判定されれば発言をやめるつもりなのだろうと、私は考えることにした。なぜなら後藤田はその職務上で多くの国策に関わる秘密も知っているに違いなく、そんなことを口にしたら騒ぎになるとの恐れを持っているように思えたのである。

後藤田の死は数日後に公表された。私はすぐに事務所を訪ねたのだが、秘書から「ごめんなさい。しばらく伏せることになっていましたので」と言われた。不意の死であったようだった。九十一歳の死であった。私はこれまで昭和史の探求のために延べ四千人に会ったと言ってきた。その中でもっとも印象に残っている人たちが二十人ほどいる。私の人生にも影響を与えた人々ということになるのだが、後藤田はまさにそのグループに入る。

後藤田のような意志堅固な人を、私は知らない。

あとがき

昭和という時代を動かした人物は、どのようなタイプが多いのか。あるいはどういう性格が目立つか。私は史実を検証する時に常にそのような関心を持ってきた。戦後の日本社会は、私の見るところ戦争の傷跡をいかに乗り越えるかが鍵であった。この傷跡には、単に外傷をどのように治していくかという以外に、心理的な葛藤や社会的病といった形の症状もいくつか現れていた。

たとえば、戦後の特徴の一つは戦争に対する徹底した反対の意識である。これ自体は悪いことではない。ただその反対という立場も、よく聞いていると、昭和十九年の終わりごろから始まったB―29による本土爆撃に端を発していることがわかる。明治からの近代日本の百五十年余の歴史の中で、日本は何度か戦争を推進してきたが、実は日本人は戦争がどれほど残酷で、かつ非人間的な所業であるかということを知らないできたのである。このことは意外と根深く、日本人の戦争観を一面的にしている。庶民が戦争を知らないだけでなく、政治的指導者、軍事的指導者もまた戦争を知らなかったのではないかと思う。

東京の軍官僚が頭の中で考えていた戦争だからこそ、平気で特攻作戦や玉砕戦術をとったのであろう。私は昭和前期の指導者を取材して、その点がもっとも不快であり、不信感を持った。日本の指導者に対する私の疑念は、戦争の現実を知らないという初歩的な段階への怒りであった。

昭和五十年前後から、昭和史の解明を自分自身に課して多くの人たちに会ってきた。その過程でいくつものエピソードを聞いてきた。そういうエピソードはある意味では本質に迫る意味を持った。たとえば昭和十六年十月に、近衛文麿首相は戦争政策を強力に迫る東條英機陸相に抗するのをやめて、辞職してしまう。なぜ近衛は土壇場で逃げたのか。むろん近衛の性格上の弱さがあった。しかしそれだけではなかった。秘書だった細川護貞の証言によれば、当時、近衛は痔疾で悩んでいたそうだ。この激痛に悩まされていたのが、辞任の一因であるとの証言は、私には興味深かった。

このほか、石原莞爾は青年期に小刀が下腹部に刺さるといった事故にあっているが、それが老いるに伴い、しばしば石原を苦しめたと、やはり秘書役だった高木清寿が語っていた。こういうケースは当事者周辺を取材することによって、初めてわかることであった。

歴史の中で、権力に触れている者がいかに恣意的に権力を濫用するかということは、東條英機を見ているとよくわかる。東條は戦時指導者として自らに抗する者を徴用して戦地への派遣などを日常的に行い、そして反対派を黙らせた。そういう話を聞くたびに、権力は麻薬だとの感がしてくる。権力を自己本位に用いた側はやがてその権力に見事なまでに復讐される運命にあると私には思える。

これまでの私の取材を通して知り得たことは、確かに歴史の検証に必要な史実から、指導者の人間的エピソードに至るまで数多い。それらを歴史書として現すのではなく、人間学という枠内での書として刊行したいと私は考えるようになった。この系譜にある前著『昭和の怪物　七つの謎』(講談社現代新書)は、予想外の多くの人びとに手にとってもらい、これほどまでに昭和史の人間学が興味を持たれるのかと驚きを持った。歴史をもっと生身の人間の姿を反映したものとして表現したいという考えが受け入れられたようで、私には感慨ひとしおであった。

本書はこのシリーズの二冊目になる。一部はサンデー毎日に連載した記事が元になっているが、それらの稿も改めて大幅に手直しを重ねて全体の統一をはかった。近衛文麿、野村吉三郎、三島由紀夫についてはすべて新しく書き下ろした。私は古いノートをとり出しては、かつて聞いた歴史上の人物たちの証言が今はどのように受け止められるかを考えてみたかった。言うまでもなく、彼らの人物像を通して、日本の近現代史の流れを確認したかったのである。

さらに言えば、私は昭和史を含めて近現代日本史はひとまず形を作ったと思う。これからの日本は新たな段階に入ることになるだろう。

あえて補足しておくが、ひとつに、国際社会の潮流がどのような方向に向かうのかということがある。その波を受けて日本社会が変わるだろう。アメリカが国際社会の指導的立場を自ら放棄したために、今後はいわば世界各地で群雄割拠の状態になり、様々な勢力が分立する状態になるであろう。日本はアメリカ追随型国家の道を走っているが、この道をいつまで走り続けるのかが、問われるだろう。

もうひとつは、科学技術の進歩により人類史の価値観が変わる時代に確実に入ることだ。ロボットが戦争を行うときに、ヒューマニズムの意味が新たに問われるであろう。ルネッサンス以来、人類史が追求してきた価値観が再検討される時代が訪れると予想されるのである。

このふたつを通して、日本にはまったく新しいタイプの指導者が生まれてくるように思う。この書に登場する人物たちのタイプを克服する指導者像が誕生せざるを得ない時代なのかもしれないと、私は考えている。本書が、たとえばこのような読後の思索をうながすことにつながれば、とも思う。

本書をまとめるにあたって、前著に続いて現代新書編集長の青木肇氏と編集部員の小林雅宏氏、元講談社第一事業局の中村勝行氏に、『サンデー毎日』連載時には向井徹氏に、それぞれご尽力をいただいた。記して謝意を表したい。

二〇一九年三月

保阪正康

写真提供：P19、P44、P75、P92、P113、P159、P179＝朝日新聞社
P143、P211＝共同通信社
P5、P39、P105＝講談社資料センター

N.D.C. 334.3　246p　18cm
ISBN978-4-06-514906-5

講談社現代新書　2518

続《ぞく》 昭和《しょうわ》の怪物《かいぶつ》 七《なな》つの謎《なぞ》

二〇一九年四月二〇日第一刷発行　二〇一九年六月一七日第四刷発行

著者　保阪正康《ほさかまさやす》

発行者　渡瀬昌彦

発行所　株式会社講談社
東京都文京区音羽二丁目一二―二一　郵便番号一一二―八〇〇一

電話　〇三―五三九五―三五二一　編集（現代新書）
〇三―五三九五―四四一五　販売
〇三―五三九五―三六一五　業務

装幀者　中島英樹

印刷所　凸版印刷株式会社

製本所　株式会社国宝社

定価はカバーに表示してあります　Printed in Japan

「講談社現代新書」の刊行にあたって

教養は万人が身をもって養い創造すべきものであって、一部の専門家の占有物として、ただ一方的に人々の手もとに配布され伝達されうるものではありません。

しかし、不幸にしてわが国の現状では、教養の重要な養いとなるべき書物は、ほとんど講壇からの天下りや単なる解説に終始し、知識技術を真剣に希求する青少年・学生・一般民衆の根本的な疑問や興味は、けっして十分に答えられ、解きほぐされ、手引きされることがありません。万人の内奥から発した真正の教養への芽ばえが、こうして放置され、むなしく滅びさる運命にゆだねられているのです。

このことは、中・高校だけで教育をおわる人々の成長をはばんでいるだけでなく、大学に進んだり、インテリと目されたりする人々の精神力の健康さえもむしばみ、わが国の文化の実質をまことに脆弱なものにしています。単なる博識以上の根強い思索力・判断力、および確かな技術にささえられた教養を必要とする日本の将来にとって、これは真剣に憂慮されなければならない事態であるといわなければなりません。

わたしたちの「講談社現代新書」は、この事態の克服を意図して計画されたものです。これによってわたしたちは、講壇からの天下りでもなく、単なる解説書でもない、もっぱら万人の魂に生ずる初発的かつ根本的な問題をとらえ、掘り起こし、手引きし、しかも最新の知識への展望を万人に確立させる書物を、新しく世の中に送り出したいと念願しています。

わたしたちは、創業以来民衆を対象とする啓蒙の仕事に専心してきた講談社にとって、これこそもっともふさわしい課題であり、伝統ある出版社としての義務でもあると考えているのです。

一九六四年四月　野間省一

日本史Ⅰ

Ⓖ

日本史Ⅱ

2319 昭和陸軍全史3——川田稔
2328 タモリと戦後ニッポン　近藤正高
2330 弥生時代の歴史——藤尾慎一郎
2343 天下統一——黒嶋敏
2351 戦国の陣形——乃至政彦
2376 昭和の戦争——井上寿一
2380 刀の日本史——加来耕三
2382 田中角栄——服部龍二
2394 井伊直虎——夏目琢史
2398 日米開戦と情報戦——森山優
2401 愛と狂瀾のメリークリスマス　堀井憲一郎
2402 ジャニーズと日本——矢野利裕
2405 織田信長の城——加藤理文
2414 海の向こうから見た倭国　高田貫太
2417 ビートたけしと北野武　近藤正高
2428 戦争の日本古代史——倉本一宏
2438 飛行機の戦争 1914-1945——一ノ瀬俊也
2449 天皇家のお葬式——大角修
2451 不死身の特攻兵——鴻上尚史
2453 戦争調査会——井上寿一
2454 縄文の思想——瀬川拓郎
2460 自民党秘史——岡崎守恭
2462 王政復古——久住真也

政治・社会

哲学・思想Ⅰ

66 哲学のすすめ——岩崎武雄
159 弁証法はどういう科学か 三浦つとむ
501 ニーチェとの対話——西尾幹二
871 言葉と無意識——丸山圭三郎
898 はじめての構造主義 橋爪大三郎
916 哲学入門一歩前——廣松渉
921 現代思想を読む事典 今村仁司 編
977 哲学の歴史——新田義弘
989 ミシェル・フーコー 内田隆三
1001 今こそマルクスを読み返す 廣松渉
1286 哲学の謎——野矢茂樹
1293 「時間」を哲学する——中島義道
1315 じぶん・この不思議な存在——鷲田清一
1357 新しいヘーゲル——長谷川宏
1383 カントの人間学——中島義道
1401 これがニーチェだ——永井均
1420 無限論の教室——野矢茂樹
1466 ゲーデルの哲学——高橋昌一郎
1575 動物化するポストモダン 東浩紀
1582 ロボットの心——柴田正良
1600 ハイデガー＝存在神秘の哲学——古東哲明
1635 これが現象学だ——谷徹
1638 時間は実在するか 入不二基義
1675 ウィトゲンシュタインはこう考えた 鬼界彰夫
1783 スピノザの世界——上野修
1839 読む哲学事典——田島正樹
1948 理性の限界——高橋昌一郎
1957 リアルのゆくえ——大塚英志 東浩紀
1996 今こそアーレントを読み直す——仲正昌樹
2004 はじめての言語ゲーム——橋爪大三郎
2048 知性の限界——高橋昌一郎
2050 超解読！ はじめてのヘーゲル『精神現象学』 竹田青嗣 西研
2084 はじめての政治哲学 小川仁志
2099 超解読！ はじめてのカント『純粋理性批判』 竹田青嗣
2153 感性の限界——高橋昌一郎
2169 超解読！ はじめてのフッサール『現象学の理念』——竹田青嗣
2185 死別の悲しみに向き合う——坂口幸弘
2279 マックス・ウェーバーを読む——仲正昌樹

哲学・思想Ⅱ

Ⓑ

世界史Ⅰ

世界史Ⅱ

日本語・日本文化

105 タテ社会の人間関係 中根千枝
293 日本人の意識構造――会田雄次
444 出雲神話――松前健
1193 漢字の字源――阿辻哲次
1200 外国語としての日本語――佐々木瑞枝
1239 武士道とエロス――氏家幹人
1262 「世間」とは何か――阿部謹也
1432 江戸の性風俗――氏家幹人
1448 日本人のしつけは衰退したか――広田照幸
1738 大人のための文章教室 清水義範
1943 なぜ日本人は学ばなくなったのか――齋藤孝
1960 女装と日本人――三橋順子
2006 「空気」と「世間」――鴻上尚史
2013 日本語という外国語 荒川洋平
2067 日本料理の贅沢――神田裕行
2092 新書 沖縄読本――下川裕治 仲村清司 著・編
2127 ラーメンと愛国――速水健朗
2173 日本人のための日本語文法入門――原沢伊都夫
2200 漢字雑談――高島俊男
2233 ユーミンの罪――酒井順子
2304 アイヌ学入門――瀬川拓郎
2309 クール・ジャパン!? 鴻上尚史
2391 げんきな日本論――橋爪大三郎 大澤真幸
2419 京都のおねだん――大野裕之
2440 山本七平の思想――東谷暁